무슨 말이
더 필요해!
정승제 선생님이야!

〈 일러두기 〉

❶ 생선님 → 선생님

정승제 선생님은 평소 자신을 '생선님'으로 칭하였으나, 이 책은 불특정 다수의 사람들을 위한
청소년-자기계발서이므로 쉽게 이해하며 읽을 수 있도록 '선생님'으로 표기했습니다.

❷ 바라다, 바라 → 바래다, 바래

이 책에서는 본문에서 사용하고 있는 구어체의 특성에 따라 학생들이 편하게 읽을 수 있도록
표준어 '바라'를 '바래'로 표기하였습니다.

1등급, 수학 공부의 시작
무슨 말이 더 필요해!

정승제 선생님이야!

정승제 지음

izi 이지퍼블리싱

아무도 믿지 않았던 진실,
9등급도 1등급이 될 수 있다!

가끔 강의나 촬영이 없는 날 낮에 미용실이나 병원에 가면 이런 질문을 자주 받는다.

"뭐 하시는 분이세요?"

"학생들 가르쳐요."

"아, 선생님이시구나. 무슨 과목 가르치세요?"

"수학이요."

수학 선생님이라는 대답을 들으면 단 한 명도 예외 없이 이렇게 소리를 지른다.

"아아악! 수학 정말 싫어했는데!"

나는 왜 그 사람들이 소리를 지르는지 잘 안다. 그들에게 수학은 힘들고 괴로운 기억으로 남아있기 때문이다. 매일 꾸역꾸역 풀어야 했던 문제들, 처참한 시험 점수…. 수학은 나를 괴롭히려고 있는 과목인가? 하다가도 열심히 해보려고 노력했을 거다. 왜? 수학은 중요한 과목이니까.

왜 그렇게 풀어야 되는지 모르지만 선생님이 가르쳐준 방법대로 머리를 쥐어짜며 고민했을 것이다. 공식을 하나하나 외워보기도 하고, 문제와 풀이를 통째로 외우기도 하고. 과외며 학원이며 아무리 해도 여전히 점수가 나오지 않는 지긋지긋한 과목.

아마도 누군가는 학창 시절 내내 이런 과정을 되풀이하며 수학만 생각하면 몸서리를 쳤을지도 모른다. 얼마나 힘들고 끔찍했을까? 그리고 지금 이 순간에도 얼마나 많은 학생이 수학 문제를 앞에 놓고 머리를 쥐어뜯고 있을까!

그동안 잘 몰랐겠지만 수학은 알고 보면 굉장히 매력 있고 재미있는 과목이다. 그런데 왜 많은 사람이 수학을 재미없고 힘들다고 느낄까?

그 이유는 수학 공부의 시작이 잘못됐기 때문이다. 처음부터 개념을 정확히 알고 시작했다면 수학에 대한 우리의 인상은 지금과는 많이 달라졌을 것이다. 왜 그렇게 풀어야 하는지 파악하면서 꾸준히 연습을 했다면 분명 수학이 주는 빅재미를 알 수 있었을 것이다.

나는 미국이나 유럽에 갈 때마다 비행기에서 아이패드를 꺼내 수학을 푼다. 그러면 10시간이 넘는 긴 비행 시간도 순식간에 지나간다. 수학 문제를 푸는 재미로 지루할 틈도 없다. 다른 사람들도 나처럼 수학의 매력을 제대로 알고 즐긴다면 내가 수학 선생님이라는 이야기를 듣고 그렇게 소리 지르지 않았을 텐데.

아마 "와! 좋으시겠어요. 그 재미있는 일을 직업으로 가지셨다니!"라고 부러워했을 텐데 유감스럽게도 대부분의 사람들은 "아악, 그 어려운 걸 어떻게 해요!" 하고 비명을 지른다.

이것이 내가 수학 개념서나 문제집이 아닌 조금 색다른 이 책, 『1등급, 수학 공부의 시작 정승제 선생님이야!』를 펴내는 이유다. 이 책을 통해 수학의 매력과 재미를 더 많은 학생들에게 알려주고 싶다. 알고 보면 수학은 어렵지 않을 뿐 아니라 게임처럼 흥미진진한 과목이다. 정말이지 '누구나 수학을 잘할 수 있다'는 거짓말 같은 이야기가 절대로 거짓말이 아니라는 것을 알리고 싶다.

물론 이 세상을 살아가는 데 수학을 모르고, 못해도 전혀 문제없이 잘살 수 있다. 김연아 선수, 손흥민 선수, 국민 MC 유재석, 방탄소년단처럼 각 분야에서 큰 성공을 거둔 사람들이 모두 수학에 능통한 건 아니니까. 하지만 적어도 대학 진학을 목표로 공부하는 학생이라면, 수학 때문에 큰 스트레스를 받은 적이 있거나 현재 힘들어 하고 있다면, 그들에게만큼은 수학에 대한 오해를 풀어주고 싶다.

단언컨대 태도를 조금만 바꾸면 수학은 정말 재미있는 과목이다. 지금 당장 어렵다고 두려워할 필요는 없다. 기본기를 갖추고 레벨-업을 해나가면 고난이도 문제도 즐기면서 풀 수 있다. 그렇게 출제자가 숨겨둔 출제의도를 찾아 나가는 여정이 게임처럼 흥미진진해지면 수학 성적은 자연히 따라 오를 것이다.

이 책이 수학 공식과 문제 풀이 암기로 고통받는 친구들에게, 수학 시간이 버겁다고 느끼는 친구들에게, 수학을 포기하려는 사람들에게 그리고 이미 수학을 포기해버린 사람들에게 미처 알지 못했던 수학의 즐거움을 발견할 수 있는 작은 계기가 되길 바란다.

수학을 싫어하는 사람들이 단 한 명도 존재하지 않는 대한민국이 되기를 진심으로 기원한다.

정승제

1장

네가 수학을
못하는 이유

사람들에게 수학하면 무엇이 가장 먼저 떠오르는지 물어보면 아마 이런 답변들이 되돌아올 거야. 어려운 과목, 재미없는 과목, 하고 싶지 않은 과목, 외울 공식이 많아서 머리에 과부하 걸리는 과목…. 내게 상담을 오는 학생들의 생각도 다르지 않은 것 같아. '수학 = 어렵다'는 말을 마치 세트메뉴처럼 묶어서 이야기하거든.

도대체 수학은 왜 어려울까? 언제부터 어려웠던 걸까? 분명 더하기 빼기를 할 때만 해도 참 쉬웠는데 말이야.

사람들이 수학을 어렵다고 느끼는 데에는 몇 가지 원인이 있어. 첫 번째는 기본개념과 원리를 따지기보다 오로지 답을 내는 방법만 찾고, 오늘 나가야 하는 진도만 따지는 선행학습이 있을 거고. 두 번째로 수학 공부에 대한 편견과 착각이 만연한 대치동 학원가의 분위기도 한 몫하고 있지. 원리는 묻지도 따지지도 않으면서 오로지 빠른 시간 내에 답을 내놓으라고 강요하는 시험제도, 서로 다른 방향성을 가진 수능시험과 내신 시험 등 그 밖에도 여러 가지 요인들이 있어. 하지만 이러쿵저러쿵해도 결국 수학을 어렵게 만드는 건 수학을 대하는 우리들의 태도가 아닐까?

많은 학생들이 수학에서 가장 중요한 원리와 이해는 등한시한 채 공식만 암기해서 답을 내려고 하고, 최소한의 노력으로 최대한의 결과를 얻으려는 분위기에 휩쓸리곤 해. 그러다 보니 점점 모의고사 문제가 내신 시험 문제보다 어렵게 느껴지고, 열심히 해도 수학 점수(특히 모의고사 점수)가 제자리에 딱 멈춰버리는 거지.

그럼, 수학 공부는 어떻게 해야 하냐고? 수학 점수를 올리는 공부 방법은 앞으로 차차 알려줄게. 그보다 먼저 해야 할 일이 따로 있어. 그건 우리가 '수학을 못하는 이유'가 무엇인지 알아봐야 한다는 거야. 문제를 정확히 파악해야 제대로 된 해결책이 나오거든. 수학을 못하는 이유를 알고 그 점을 바로잡으면 수학 공부가 한결 쉬워질 거야. 기대해도 좋아.

1

수학도 결국은
암기 과목이라고 생각하니까!

1) 공식 암기만으로 수학을 정복할 수 있을까?

쉬운 수학 문제와 어려운 수학 문제가 있다고 하자. 둘 중 어떤 것을 풀까?

나라면 두말할 것 없이 어려운 문제를 고를 거야. 난 잘 풀리지 않는 수학 문제를 보면 엄청 재미있는 게임을 하는 것처럼 느껴지거든. 문제를 해결해나가는 것이 축구나 드라마를 보는 것만큼 흥미진진해. 하지만 아마도 이런 내 말을 공감하는 사람은 많지 않을 거야. 학생들에게 가장 힘들고 싫고 못하는 과목으로 수학이 손꼽힌다는 사실을 나도 이미 잘 알고 있으니까.

이렇게 드라마나 영화보다도 재미있는 수학이 누군가에게는 피하고 싶은 과목이 된 이유는 뭘까? 초등학교 때부터 12년을 배워도 수학능력시험 만점은커녕 3등급도 힘든 이유는 도대체 뭘까?

사실 수학은 원리를 알면 엄청나게 간단한데 사람들은 그걸 잘 모르는 것 같아. 쉽게 말해 수학은 블록 쌓기와 같은데 말이야. 블록을 쌓을 때 처음부터 삐뚤어지지 않게 하나하나 쌓으면 순조롭게 쌓을 수 있지. 하지만 시작부터 잘못되면 위에서 수습하려고 해도 모양을 갖추지 못하고 와르르 무너져버릴 거야. 그렇다고 포기할 필요는 없어. 침착하게 다시 처음부터 쌓아 올리면 돼. 차근차근 신중하게 쌓다 보면 분명 이전보다 더 높이 쌓을 수도 있을 거야.

수학도 그래. 특별한 기술이나 지식이 없어도 할 수 있는 블록 쌓기 놀이와 마찬가지야. 하지만 이 믿을 수 없을 만큼 간단한 사실을 이해하려는 사람이 너무 적은 현실이 안타까울 뿐이야.

대부분 무너진 부분만 급하게 수습하고 계속 쌓아 나가려고만 하니까 금방 다시 무너지곤 해. 이렇게 쌓고 또 쌓아도 자꾸 무너지는 수학을 겪은 학생들은 수학이 어렵고 잘 안된다고 말하지. 하지만 그거 알아? 블록을 쓰러뜨려도 포기하지 않고 계속 쌓다 보면 점점 더 잘 쌓게 된다는 사실. 그건 아마도 쓰러뜨리고 다시 쌓는 과정을 통해 자신도 모르는 새 기초의 중요성을 알게 되었기 때문일 거야.

14 무슨 말이 더 필요해! 명쾌해 선생님이야!

우연히 한 예능 프로에서 4명씩 두 팀으로 나눠 퀴즈 게임을 하는 걸 봤어. 그들이 풀어야 할 문제는 이랬어. '한강의 모든 다리의 개수, 방탄소년단 인원수, 5명이 서로 악수를 나눈 경우의 수를 모두 합하면 얼마일까요?'

그런데 두 팀 모두 5명이 서로 악수를 나누는 경우의 수를 구하는 게 가장 어려웠나봐. 한 팀은 직접 서로 악수를 하며 셈했는 데도 맞히지 못했어.

사실 이 문제는 수학 시간에 배운 기본적인 조합을 알고 있다면 아주 쉽게 풀 수 있는 문제지.

5명 중에서 2명을 뽑는 경우의 수라면 $_5C_2 = \dfrac{5\times4}{2} = 10$의 공식으로 답을 구할 수 있어. 정답은 10.

이 내용은 수학 문제가 아니더라도 일상생활에서 쉽게 떠올려볼 수 있어. 월드컵 죽음의 조에 속한 4팀이 서로 한 번씩 경기를 할 경우라든지, 31가지 맛 아이스크림을 파는 가게에서 서로 다른 6가지 종류의 맛을 고르는 방법이나 45개 숫자 중 6개를 고르는 로또 복권과 같은 맥락이야.

💧 수백 가지의 다른 경우를 문제로 내도 숫자만 다를 뿐. 풀이방법은 똑같아. 하지만 원리를 모르면 매번 다른 문제 같고 매번 어렵게 느껴질 거야.

그래서 난 예능프로그램의 출연자들이 간단한 수학 문제를 두고 우왕좌왕하는 것을 볼 때마다 몸이 근질거려. 원리만 알면 누구나 쉽게 풀 수 있다는 걸 너무도 잘 알고 있기 때문이지. 종종 TV 속으로 뛰어들어가 붙들고 설명해주고 싶다고 생각할 때가 많아.

내게 딱 3시간만 주면, 저 예능프로그램의 출연자뿐 아니라 그 누구라도 수능 수학 시험지 30문제 중에 1번부터 10번까지 맞히게 할 자신이 있거든. 거짓말처럼 들리겠지만 사실이야. 단 3시간만 투자해도 6등급은 충분히 받을 수 있어. 거기에 두 문제만 더 맞히면 5등급도 받을 수도 있어.

물론 사람마다 차이는 있겠지만, 단 몇 시간만 투자해도 제대로 공부하면 중간은 할 수 있다는 말이야. 그만큼 조금만 노력하면 누구나 풀 수 있는 문제들이 의외로 많이 있어. 오랫동안 수학 공부에 손을 놓았던 사람들도 충분히 풀 수 있지. 하지만 사실 내가 진짜 가르쳐주고 싶은 사람은 따로 있어. 그건 바로 전국의 모든 고등학생들!

대학수학능력시험에는 보통 60만 명 가까운 학생들이 응시해. 반면 상위 11개 대학 모집인원은 35,000명 남짓으로 전체 모집정원의 6퍼센트에도 미치지 못해. 그러니 이름만 대도 남들이 알 만한 대학에 입학하기 위해서는 반드시 수학 실력이 어느 정도 수준에 올라 있어야 해. 하지만 현실의 상황은 많이 다른 것 같아. 가끔 학생들의 수학 실력 때문에 깜짝 놀랄 때가 있거든.

서울대·연대·고대를 목표로 하는 학생 반을 보면 수학 성적이

1, 2등급이 대부분인데도 기초 중의 기초도 모르고 공식만 달달 외우고 있는 경우도 많거든. 중3 때 배우는 판별식의 의미조차 모르는 상태에서 미분을 공부하고, 적분을 공부하고, 수열을 공부하고, 수열의 극한을 공부하고 있다는 게 걱정이야. 공식만 외우고 제대로 된 의미를 파악하지 못하기 때문에 고득점은 불가능해.

그럼 점수를 올리려면 어떻게 해야 할까?

가장 먼저 해야 할 일은 그 의미를 다시 쌓아올리는 일이야. 판별식이 왜 그렇게 되어야 하는지부터 시작해야 해. 내가 이렇게 말하면, 학생들이 이런 질문을 해. "중학교 것부터 다시 공부하라고요? 그걸 언제 다 해요?" 라고.

그런 친구들에게는 미리 겁먹을 필요 없다고 이야기해주고 싶어. 다행히 대학수학능력시험을 보는 데 필요한 수학의 기초는 그다지 많지 않거든.

그런데 정말 안타까운 건 중학교 과정부터 차근차근 다시 하라는 말을 듣고 중학교 수학 책을 사는 친구들이야. 어떤 학생은 중학교 1학년부터 3학년까지 교과서, 자습서, 문제집을 모조리 사서 계획을 짜는 경우도 있어. 예를 들어 '3개월 혹은 4개월에 걸쳐서 중학교 과정을 정리하겠어! 한 글자 한 글자 모조리 독파해버릴 테다!' 라는 마음을 먹는 거야. 심지어는 '1년 동안 중학교 3년 과정을 완벽하게 마스터하겠어!' 라는 친구도 있고.

이 친구들은 오해를 한 거야. 내 말 뜻은 그게 아니거든.

⚡ 오히려 절대 그런 시간 낭비 할 필요 없어. 고등학교 수학을
....
공부하고 수능 시험을 보기 위해 필요한 기초 내용은
....
3~4개월이나 1년이 아니라 딱 10시간만 제대로 공부하면 돼.
....

이 말이 믿기지 않는다고? 하지만 사실이야. EBS 강좌 중 중학교 과정이 전혀 갖추어지지 않은 사람들을 위한 10시간짜리 내 강의가 있으니 이걸 참고하길 바래.

알다시피 EBS는 무료니 부담도 없고 교재를 따로 살 필요도 없어. 드라마 몰아보기 하듯 편하게 들으면 대부분은 쉽게 이해할 수 있는 입문강좌니까. 예비고등학생이든 고등학생이든 재수생이든 30대든 40대든 상관없어. 수학의 기본부터 공부할 필요가 있다고 생각하는 사람은 누구나 꼭 들어봤으면 해. 10시간만 투자하면 수학 공부를 하면서 막혔던 대부분이 뻥 뚫리는 경험을 하게 될 테니까.

2) 기초도 없이 수학을 공부한다고? 차라리 알파벳을 모르고 영어공부를 하지!

가끔 TV에 할머니 할아버지가 한글을 배우는 장면이 나올 때가 있어. 그 장면을 보면 자연스럽게 이런 생각이 들어. 평생 한글을 모르고 산다면 어떨까? 미치도록 답답하지 않을까? 글을 읽지 못하고 쓰지 못한다면 할 수 있는 일이 얼마나 줄어들지 상상해봐. 또 만약 알파벳을 모른 채 영어를 공부한다면 어떨까? 관광 가서 영어로 몇 마디 할 수 있을지 몰라도 영어로 시험을 보거나 읽고 쓰는 것은 불가능할 거야.

그렇다면 수학은 어떨까? 의외로 많은 학생이 수학(數學)을 공부하면서 수(數)의 개념을 잘 모르는 경우가 정말 많아. 고3이 돼서도 자연수가 뭔지 정수가 뭔지 모르는 학생이 있는 것처럼 말이야.

자연수가 뭔지 정수가 뭔지, 실수와 허수가 무엇인지도 모르는 상태에서 함수와 방정식, 부등식을 공부한다고 생각해봐. 개념 정리가 안 되어 있는 학생 앞에 루트가 나오고 유리수와 무리수가 나온다면? 거기에 실수와 허수가 나온다면? 허수는 실제로 존재하지 않지만 받아들여야 하는 수의 개념이야.

보통 수학을 미로 같다고들 해. 만약 네가 앞으로 나아가려고 하면 벽이 가로막고, 방향을 틀면 또 벽이 있다고 상상해봐. 아주 답답

할 거야. 그런데 수학을 공부하면서 수에 대한 개념이 잡혀있지 않으면 공부를 해도 계속 막히게 돼. 막힐 때마다 절망감이 들고 마치 미로에 갇힌 느낌이 들겠지. 그렇다고 벽과 마주칠 때마다 피해가거나 그 상황을 넘길 방법만 찾으면 절대로 앞으로 나아갈 수가 없어.

♥ 정확히 말하면, 기초가 제대로 잡혀있지 않은데

어떻게 함수를 공부할 수 있을까? 또 거기에 지수함수, 로그함수,

기하, 미분과 적분, 확률과통계를 어떻게 공부할 수 있겠어?

건물을 올릴 때에도 가장 먼저 해야 할 것은 기초를 잡는 거야. 뻔한 이야기 같겠지만 단단한 뼈대 없이는 수십 층이 아니라 2층짜리 건물만 올려도 무너지기 쉬워.

2019년 현재 고등학교 수학과정을 보면 1학년 때 「수학」이라는 공통 과목을 배우고 2학년으로 올라가면 「수학1」과 「수학2」 「미적분」과 「확률과 통계」를 배우게 돼. 문·이과 공통과정은 이것으로 끝나지만 선택에 따라 심화 과목인 「기하」를 더 배울 수도 있어. 「수학2」라는 과목에서는 미적분의 뜻과 그 기초를 배우게 되고 이를 응용한 과목이 「미적분」이라는 과목이지.

이렇듯 공통 과목 다음에 심화 과목을 배우는 것처럼 단계적으

로 공부를 해나가야 실력이 향상될 거야. 수능 시험 공부도 마찬가지지. 우선 자신의 개념 수준이 어느 단계인지 파악하는 게 중요해. 막히는 곳에서부터 다시 공부를 시작해야 다음 단계로 나아갈 수 있거든.

만약 「미적분」에서 막힌다면 「수학2」를, 여기서도 막힌다면 「수학1」을 공부해야 할 거야. 하지만 「미적분」에서 벽을 만났다고 해서 「미적분」 하나만 계속 판다면 벽은 절대로 뚫리지 않아. 이과계열로 진학할 계획이 있어 남들보다 깊게 공부해야 하는 학생이더라도 기초가 없는 친구들은 고1 과정인 「수학」부터 다시 공부해야 해. 만약 그 개념조차 잘 이해가 되지 않고 막히는 친구들은 중학교 과정을 되돌아봐야 해. 이때 앞에서 이야기했던 EBS의 10시간짜리 기초 강의를 참고하면 좋을 거야.

만약 네가 나름대로 열심히 공부하는데도 항상 모의고사 점수가 제자리이고 수학이 어렵기만 하다면 스스로 그 이유를 찾아야 해. 먼저 자신에게 이렇게 물어보자. 기초가 부족한 것은 아닐까? 그동안 수학 공부에 대해 잘못된 생각을 가지고 있지 않았나? 진짜 열심히 하지 않으면서 성적이 오르기만 바라지는 않았나? 암기로 진도만 빼는 맹목적인 선행학습을 하고 있지는 않은가? 이런 질문들은 앞으로 너의 수학 실력 향상에 큰 도움이 될 거야.

많은 학생들은 수학이 단순하게 공식을 암기하고 적용시켜서 답을 찾아내는 과목이라고 오해를 하고 있어. 수학은 그런 게 아닌데 말이야. 그런 식으로 고3 혹은 재수나 삼수를 할 때까지 17~20년을 똑같이 공부해왔다면 점수는 당연히 제자리일 거야.

이제 오해를 풀자. 정말 수학 실력이 좋아지려면 일단 내가 수학을 못하는 이유부터 파악하고 걸림돌을 제거해야 해. 그러면 점수도 자연히 오를 거야.

이제부터는 수학을 공부해도 점수가 오르지 않은 학생들이 가지고 있는 문제들을 하나하나 알아보고 그 해결책이 뭔지 함께 찾아보도록 하자.

3) 잘못된 시작으로부터 수.포.자(수학을 포기한 사람)가 탄생한다!

우리나라 사람 중 수포자라는 단어를 모르는 사람이 있을까? 아마 없겠지? 수학에 사교육비가 연간 5조 원을 훌쩍 넘는데도 불구하고 수포자라는 단어는 일상용어가 됐어. 정말 이상한 일이야. 알다시피 수학은 입시에 가장 큰 영향을 끼치는 과목 중 하나잖아. 그렇게 엄청 중요한 과목을 포기하는 학생이 속출한다는 건 분명 어떤 원인이 있어서 그런거 아닐까? 그 원인은 뭘까?

아마 수학이 대학 진학을 위한 암기 과목으로 전락해버린 탓이 클 거야. 그래서인지 학생들은 시험이 끝나면 수학을 머리에서 깨끗이 지워버리고 싶어 하는 것 같아. 수학 선생님 입장에서는 슬픈 일이지.

일반 사람들도 수학은 자연계열이나 공학계열에 진학한 학생들이나 계속하는 과목쯤으로 생각하는 것 같아. 복잡한 계산은 계산기나 스마트폰으로 하면 되는데 수학을 계속 알 필요가 있냐고 생각하는 거지.

틀린 말은 아니야. 수학을 몰라도 잘살 수 있어. 그래도 '수학은 어렵고 싫어!'라는 감정을 빼고 생각해보자. 중간고사, 기말고사, 수학능력시험만 아니라면 수학을 정말로 몰라도 될까? 내 인생에 수학이 정말 없어도 괜찮을까?

물건을 살 때는 거스름돈 계산할 필요 없이 신용카드만 내밀면 되고, 연산이 필요하면 스마트폰에 있는 계산기 누르면 되고, 회계나 성적처리는 엑셀(Excel) 프로그램에 숫자와 점수만 써넣으면 되고, 돈 관리는 가계부 앱(App)이 알아서 다 계산해주니까 수학하고는 영영 작별해도 별 문제 없지 않을까?

하지만 조금만 더 깊게 생각해보면 별로 바람직한 생각이 아니라는 걸 알 수 있어. 우리에게 수학이 필요 없다고 단정 짓는 것은 마치 사과는 빨갛다, 바나나는 노랗다, 수박은 초록색이라고 딱 잘라 판단하는 것과 같아. 물론 얼핏 들으면 맞는 말인 것 같은 이런 말들. 그러나 누구나 조금만 더 생각해보면 겉으로 드러난 것이 다가 아니란 걸 알 수 있어. 빨간 사과 껍질을 벗기면 하얀 속이 드러나는 것처럼 말이야. 우린 초록 수박이나 노란 바나나의 껍질을 먹진 않잖아? 속에 든 빨갛고 하얀 과육을 먹지. 그러니 우리가 더 잘 알아야 하는 건 껍질이 아닌 알맹이야.

수학은 우리가 학교를 졸업해 어른으로 살아갈 때도 꼭 필요한 알맹이 같은 학문이야. 우리를 둘러싼 주변 대부분에 수학의 원리가 숨어있어. 스마트폰, 리모컨, 신용카드, 체크카드, 내비게이션, 도로, 건물 하다못해 거리의 소화전까지도 수학이라고 할 수 있지.

수학이 세상의 기초라는 사실을 직접 경험하고 싶다면 일단 수학이 뭔지 알아야 해. 그리고 수학을 제대로 배울 수 있는 가장 좋은 기회는 바로 지금! 초등 과정부터 고등 과정을 배우는 시기야.

학생들이 수학을 배우는 가장 현실적인 이유는 대학입시일 거야. 하지만 오로지 시험을 잘 보기 위해서만 수학을 공부하면 오히려 수학을 더 못하게 되는 아이러니가 발생해. 사실 모든 일이 그래, 재미가 있어야 계속할 수 있고 그걸 지속해야 실력이 늘지.

수학을 공부할 때 오직 수학 점수만 생각한다면 흥미도 재미도 생기지 않을 거야. 하지만 실제로 거의 모두가 점수에 집중을 하지. 그러니 학생은 물론이고 어른들도 대부분 수학을 어렵고 힘들다고 생각하게 된 거야. 오죽하면 수포자라는 단어가 전 국민이 모두 아는 용어가 됐을까?

'사교육 걱정 없는 세상'에서 조사한 바에 따르면 중학생 46.2퍼센트, 고등학생 59.7퍼센트가 수포자라고 해. 중학생부터 고등학생까지 거의 날마다 수학 수업이 있어. 그렇게 날마다 들으면서도 두 명 중 한 명은 수포자가 된다는 거야. 더 안 좋은 건 수포자를 선언하는 학생들의 나이가 점차 어려지고 있다는 거지.

몇 년 전만 해도 수포자는 고등학생들이 대부분이었어. 근데 이제는 수능과 거리가 아직 먼 중학생들도 일찌감치 수학을 포기해버리는 거야. 심지어 최근의 자료를 보면 이제 막 수학을 배우기 시작한 초등학생도 36.5퍼센트가 수포자라고 해.

도대체 무엇이, 수능이 2,193일도 더 남은 초등학생들까지 수학을 포기하게 만드는 걸까? 이 질문의 답은 하나야. 처음부터 잘못된 방법으로 수학 공부를 시작했다는 것.

자 한 번 생각해보자. 대부분 어릴 때부터 구구단을 외워. 왜 구구단이 구구단이지를 모르고 외우기 시작하지. 왜 그런 공식이 나오는지 잘 모르지만 그저 가르쳐주는 대로 공식을 암기해서 문제를 풀게 돼. 그러다 보니 외우지 않은 공식이 나오거나 외웠던 공식을 까먹기라도 하면 그 문제는 아예 손도 댈 수 없게 되는 거지. 더 큰 문제는 다른 과목도 외울 게 천지라는 거야.

그렇게 몇 년 지나면 수학이 싫어지고 어느새 수포자의 대열에 합류해 있을 지도 몰라.

물론 그것이 끝이 아니야. 수학을 잘하든 못하든 학생 대부분이 학원을 다니고 선행학습을 해. 지금 배우는 내용도 잘 모르면서 1년이나 2년 뒤에 배울 내용을 또 외우고 있지. 하지만 그렇게 공부하면 어떻게 될지 사실 빤해. 고등학교 1학년 때까지는 선행학습하면서 외운 것으로 겨우 견디다가 2학년 올라가면 또 한 명의 수포자가 탄생하는 거야.

이런 흐름을 만든 가장 큰 원인은 어른들에게 있어. 실제 교육 현장에 있는 어른들, 특히나 교육 정책을 담당하고 있는 분들에게 원인이 있지. 학생들에게 수학에 대한 흥미나 재미를 전혀 알려주지 않는 교육 현실에서 공부하게 하고 있으니까.

수학 시간에 이런 경험 한 번씩들 있지? "1번, 11번, 21번, 31번 나와서 연습문제 1, 2, 3, 4번 풀어."라는 식으로 말이야. 아마 대부분 공식에 대입해서 곧바로 풀어 나갈 거야. 그런데 한 학생이 문제를 풀지 않고 문제를 계속 들여다보고 있다면 선생님의 반응은 어떨까? 선생님마다 조금씩 다르겠지만 아마 좋은 말을 해주지는 않을 거야.

집에서 공부를 해도 마찬가지지. 수학 문제를 한참 동안 붙잡고 있으면, 지켜보던 엄마는 답답하다는 듯 한숨을 쉴 거야.

어떻게 풀까 고민하는 것 자체를 용납하지 못하는 분위기, 이것이 바로 수학을 포기하게 만드는 큰 이유 중 하나가 아닐까? 수학은 생각하고 사고하는 과정인데도 불구하고 지금 대한민국 중·고등학생들의 수학 시간은 공식과 문제 유형을 외우는 암기 시간이 돼버렸어. 이런 암기식 공부가 바로 수학을 포기하게 만드는 지름길이라고 할 수 있는데 말이야.

그리고 불행히도 수학은 암기한 공식과 유형만으로는 풀 수 없는 문제들도 많아. 힘들게 끙끙대며 외워도 도무지 풀리지 않는 수학 문제를 마주한 너의 마음은 마치 고구마를 열 개 먹은 듯 답답해질 거야. 많은 친구들이 이런 이유 같지 않은 이유들로 인해 수학에 거리감을 갖게 되는 것 같아.

❷ 수학 공부에 대해 착각하고 있으니까!

1) 머리 좋은 사람은 어려운 문제도 척척 풀까? No!

머리가 좋은 사람들은 어려운 수학 문제도 보자마자 척척 풀어 낼 수 있을까? 많은 사람들이 잘못 생각하고 있는 것 중에 하나가 바로 이거야. 머리가 좋거나 수학에 재능이 있는 사람들, 더 구체적으로 말하면 수학 선생님 같은 사람들은 어려운 문제를 바로바로 풀 수 있다는 생각. 아마 수학 시험만 봤다 하면 만점 혹은 수학 1등급을 받는 친구를 볼 때도 비슷한 생각을 할 거야. 수학 시험을 볼 때마다 시간이 부족한 나와는 뭔가 근본적으로 다른 것처럼 보이는 거지.

하지만 그건 명백한 착각이야. 수학 선생님도 수학을 잘하는 친구들도 어려운 문제를 마주하면 일단 '어떻게 풀어야 할까'하고 고민하거든. 해설 강의를 하는 선생님들도 처음 보는 수학 문제를 보자마자 바로 풀면서 해설해주는 게 아니야. 해설 강의를 촬영하기 전에 문제를 여러 가지 풀이방법으로 생각해보고, 그것을 정리한 다음에 해설 강의를 하지.

사실 수학을 잘하는 사람일수록 생각을 많이 하는 게 더 자연스러운 거거든. 단순한 문제들은 바로 해법이 보이기도 하지만 어려운 문제 앞에서는 누구나 어려움을 느껴. 특히 수능 수학 최고의 고난이도 문제, 소위 킬러문제들은 곧바로 답이 나오지 않아. 어려운 문제니까 그만큼 시간이 필요하지. 문제가 어려울수록 출제자와 문제 푸는 사람 사이의 힘겨루기가 팽팽해지는 건 당연한 일이야.

어려운 문제 뒤엔 반드시 출제자들이 교묘히 숨겨놓은 힌트가 있어. 마치 힌트와 아이템을 통해 하나하나 단서를 찾아가는 방탈출 게임과 비슷해. 우린 출제자의 숨은 의도를 파악하고, 자신이 가지고 있는 수학 재료들을 조합해보고, 주어진 조건들을 분석해서 적재적소에 활용하는 과정을 통해 문제를 해결할 수 있는 거야.

또 다른 예시를 들어볼까? 가끔 TV에서 큐브의 실력자들이 나와서 솜씨를 뽐내는 걸 볼 수 있어. 이들은 세계대회에 나가서 상도 타고, 눈 감고도 몇십 초 안에 큐브를 맞출 정도로 실력이 좋지. 우린 이들을 보며 천재라며 감탄을 해.

그런데 말이야. 이 큐브 천재들은 선천적으로 큐브를 잘하는 유전자를 타고난 걸까? 나와는 뭔가 근본적으로 다른 걸까? 아니, 이들은 사실 우리와 별 다를 것 없는 평범한 사람들이야. 다만 항상 손에 큐브를 들고 다니면서 남보다 훨씬 열심히 연습을 해서 실력을 쌓았던 거야. 마찬가지로 수학을 잘하는 사람들은 어려운 수학 문제를 많이 풀어본 경험으로 문제 풀이의 접근 시간이 남보다 빨라진 것일 뿐, 문제를 보자마자 풀어내는 초능력자들이 아니야.

이번엔 실제 TV프로그램을 놓고 이야기해보자. 혹시 〈문제적 남자〉라고 들어봤니? 이 프로그램을 보면 일단 출연자들 모두 머리가 좋아 보여. 생전 처음 보는 어려운 문제들을 척척 해결하잖아. 그런데 실제 출연한 사람을 통해 듣게 된 현장의 모습은 예상과는 좀 달랐어. 모든 출연자들이 꽤 오랫동안 문제를 푼다고 하더라고. 그 문제를 해결할 때까지 몇 시간이든 녹화는 계속된대.

이렇듯 답을 찾아내기 위해 고민하는 것은 누구나 당연히 겪어야 할 과정이야. 그런데 보면 문제를 풀며 고민하는 모습을 선생님에게 보여주기 싫어하는 학생들이 있어. 조용히 곁에 다가가서 풀이 과정을 보고 있으면 학생은 매우 창피해하면서 고개를 숙이거나 손으로 문제지를 가리지. 이런 친구들에게는 좀 더 당당해도 된다고 이야기해주고 싶어. 풀이방법을 찾아 고민하고 헤매는 것은 전혀 부끄러운 일이 아니거든. 이리저리 생각해보는 건 자연스러운 일이야.

대수적으로 생각해보고 기하로도 생각해보고 미분, 적분 등 여러 방향으로 생각해보다가 '아, 이렇게 하면 되겠다!' 하고 해결 방법을 찾아내는 것은 자랑스러운 일이야.

그리고 처음부터 최적의 풀이방법으로 술술 풀어내야 한다는 법칙은 없어. 오히려 이런저런 방법을 생각해보며 이 조건과 이 조건에 따르면 이렇게 되겠구나하는 아이디어를 얻고, 내가 생각한 최적의 방법을 찾아 나가는 것이 지극히 정상적인 과정이야.

> 사람들은 수학 문제를 앞에 놓고 오래 들여다보며 고민하고
> 생각하면 수학을 못하는 사람으로 오해를 해.
> 그것은 수학 공부에 전혀 도움이 안 되는 나쁜 편견인 거야.
> 정말 성적을 올리고 싶다면 이런 편견을 이겨내는 게 중요해.

그리고 수학 문제를 앞에 놓고 머리에 쥐가 나도록 고민하다가 스스로 길을 찾아내는 학생들은 반드시 성적이 오를 거야. 출제자와 보이지 않는 겨루기를 하다가 마침내 출제자의 의도를 알아내고 문제를 해결했을 때 느껴지는 쾌감. 그 쾌감을 알고 즐기는 사람만이 수학을 잘할 수 있어.

2) 한 문제를 주구장창 오래 붙들고 있는 건 시간 낭비일까?

수학 문제 하나를 오랫동안 들여다보고 생각하는 사람은 수학을 못하는 사람일까? 아니. 오히려 수학을 아주 잘하는 사람일 가능성이 커. 수학을 잘하는 사람들은 실제로 문제를 붙들고 하루 종일 생각하곤 해. 전 세계의 수학자들에게 물어보면 아마 대부분 수학은 생각하고 들여다보는 학문이라고 이야기할 거야.

수학계에는 아주 유명한 '페르마의 정리'라는 것이 있어. 17세기의 수학자 피에르 페르마(Pierre de Fermat : 1601~1665)의 이름을 딴 문제인데, 오랫동안 풀리지 않아서 악명이 높았지. 이 문제가 세상에 등장한 사연도 재미있어. 페르마가 죽기 전에 마지막 정리까지 증명을 끝냈는데 노트에 이렇게 적은 거야.

'나는 이에 대한 놀라운 증명법을 발견했다. 그러나 여기에 적기에는 책의 여백이 부족하므로 적지 않겠다'고 말야. 그러고는 증명을 생략해버렸지. 이후 레온하르트 오일러를 비롯한 수많은 수학자들이 아래 그림에 있는 페르마의 마지막 정리를 증명하기 위해 노력했지만 실패했어.

$$x^n + y^n = z^n$$

1-1. 페르마의 마지막 정리 | n이 3이상의 정수일 때, 이 방정식을 만족하는 정수 x, y, z는 존재하지 않는다.

그렇게 오랫동안 풀리지 않던 페르마의 마지막 정리는 1994년 말에 와서야 앤드류 와일즈라는 영국 수학자에 의해 증명되었어. 전세계 수학자들이 무려 350년 동안이나 이 문제를 풀기 위해 갖은 노력을 한 셈이지. 하나의 문제를 갖고도 평생 고민할 수도 있는 것이 바로 수학이야.

이제 수학 문제를 두고 고민하는 건 지극히 자연스러운 일이라는 것을 알아 두자. 그리고 고민의 시간을 조금씩 늘려보자. 생각하는 일을 반복하다 보면 수학 문제를 고민하는 과정이 생각보다 재미있다는 걸 알게 될 거야. 아끼도 이야기했지만 공부의 재미는 실력을 올려주는 열쇠나 다름없지. 또 일상 속에서 소소하지만 확실한 행복을 가져다주기도 해.

난 해마다 미국에 가는데, 메이저리그 야구를 좋아하기도 하지만 미국에 있는 조카들을 만날 겸 뉴욕에 갈 때가 있어. 그때마다 비행기 안에서 13~14시간을 보내야 하지. 누구는 그 시간이 너무 지루하고 힘들다고 말하지만 난 그 시간이 별로 괴롭지 않아. 시간을 보내는 좋은 방법을 알고 있거든. 그저 수학 문제를 풀면 돼. 예전에는 노트를 빽빽하게 채우면서 문제를 풀었어. 지금은 아이패드로 풀면 되니까 편하고 좋아. 어려운 수학 문제를 몇 개 붙잡고 골똘히 생각하며 풀다 보면 시간이 어떻게 가는 줄 몰라. 덕분에 전혀 지루하지 않게 뉴욕에 갈 수 있지.

수학을 잘하는 사람들은 고민하는 것 자체를 즐기면서 풀릴 때까지 포기하지 않고 계속 도전해.

> ⚡ 그렇기 때문에 오히려 생각하는 것을 창피하다고 생각할 게
> 아니라 문제를 읽자마자 생각하지도 않고 답을 내는 것을
> 부끄럽게 여겨야 하는 게 맞아. 외워서 푸는 건 현재에도,
> 앞으로도 결코 성적을 올리는 데 도움이 되는 일이 아니거든.

수학 문제 하나를 4시간이나 붙들고 있다고 하면 대부분 시간 낭비라고 생각하는데, 그렇게 보낸 4시간은 절대로 그냥 버려진 것이 아니야. 어쩌면 제일 좋은 공부 방법으로 누구보다 알차게 시간을 보낸 거라고 할 수 있어. 그렇다고 반드시 문제를 오래 붙들고 있으라는 이야기는 아니야. 풀리지 않는 문제를 앞에 두고 골똘히

고민하며 보낸 시간이 충분히 가치가 있다는 말을 네게 해주고 싶은 거야.

그런데 요즘 학생들을 보면 한 문제에 3분도 못 버티는 걸 볼 수 있어. 3분은커녕 1분도 생각해보지 않지. 어쩌면 이런 현상은 선생님이나 부모님의 잘못에서 비롯된 것일 수 있어. 학생들이 수학 문제를 보고 바로 답을 내지 못하면 '그것도 못 풀어?'하면서 구박하고 정신 차리라며 등짝 스매싱을 날리는 일이 자주 있었기 때문이야. 사실은 '잘 생각해 봐'라고 어깨를 다독여주며 생각하는 수학을 알려주었어야 하는데 말이야. 바라건대 앞으로는 수학 문제 풀이를 고민하고 있을 때 누군가 빨리 풀라고 재촉하면 "수학은 생각하는 학문이에요!"라고 당당하게 대답하길 바래. "도대체 누가 그래?"라고 되묻는다면 내 이름을 이야기해도 좋아.

3) 수리적 감각이 있어야 수학 잘한다?

'나는 수학머리가 없어.'
'나는 수리감각이 떨어져서 수학을 못해.'

수학 시험 점수가 나쁘게 나올 때마다 자신은 수리감각이 없어서 수학을 못한다고 생각하는 친구들이 많아. 하지만 그런 생각은 핑계밖에 되질 않지. 난 그동안 수학을 잘하고 못하는 학생을 셀 수 없이 만나봤어.

그리고 수학을 못한다고 말하는 학생들을 유심히 살펴봤지. 그렇게 알게 된 사실은 이거야. 수학을 못하는 건 수리적 감각이 없어서가 아니라 수학에 대한 거부감 때문이라는 사실. 유연하게 생각을 하지 못하고 불안하니까 자꾸 공식과 설명을 암기하려고만 하는 경우가 많아. 그런 마인드가 차차 굳어져서 진짜 수학 공부법을 받아들이지 못하게 되는 거지.

이 문제에 대한 해결책은 단 하나, 스스로 자신의 문제를 깨닫는 거야. 그것만 알면 사실 그 다음부터는 어려울 게 없어. 무엇이 문제인지 아는 것만으로도 해결의 실마리를 찾은 것과 같다고 볼 수 있어.

물론 이 세상에는 분명 수학에 대한 재능과 감각을 타고난 사람이 존재해. 하지만 그 감각이라는 것도 모든 영역을 다 잘하는 천재보다는, 수학이라는 카테고리 안에서도 확률 쪽에 감각이 있거나 기하 또는 대수 등 특정 분야에만 두각을 보이는 친구들이 종종 있지. 수학 전반에 걸쳐 감각이 있든 특정 분야에만 감각이 있든 중요한 것은 이런 감각만으로는 수학 점수가 잘 나오지 않는다는 거야. 그저 남들보다 조금 편한 것뿐이지. 수학 공부를 할 때 가장 중요한 것은 스스로 터득하려는 의지와 노력이야.

♥ 월등한 수학 점수는 수리적 감각으로 얻을 수 있는 것이 아니라, 개념을 알고 이해하고 반복 학습을 하면서 만들어지는 거니까.

선천적으로 타고난 감각보다 후천적으로 학습하고 연습한 것이 수학 점수에 훨씬 더 크게 영향을 준다는 사실을 기억하길 바래.

4) 학원 수업과 인강을 열심히 듣는다면 문제가 술술 풀릴까? No!

많은 학생들이 학원 수업을 듣거나 인강(인터넷 강의)을 들으면 '수학 공부를 했다'고 생각해. 100분 수업을 들었으면 100분 동안 공부했다고 뿌듯해하는 거지. 그리고 수업을 듣는데 이해가 너무너무 잘된다 싶은 날은, 그날 배운 모든 것들을 내가 다 안다고 생각하는 경우도 많아.

♥ 하지만 그건 엄청난 착각이야. 아무리 강의를 열심히 듣는다고 해도, 아무리 이해가 잘 된다고 해도 그게 곧 내 실력이라고는

특히 주의해야 할 것은 학원 선생님이나 인터넷 강의 선생님의 '말'이야. 유명한 선생님의 말일수록 의심이 필요하지. 옳고 그른지 제대로 따지지도 않고 그냥 덮어놓고 믿어서는 절대 안 돼. 유명한 선생님들은 이름이 알려진 만큼이나 수업 스킬이 매우 뛰어나서 수강생들이 강의를 듣자마자 '아하, 알겠어!'라고 착각하게 만드는 최고의 기술자들이라고 볼 수 있거든.

그런데 이 사실을 모르는 학생 중에서는 강의를 들은 그날, 배운 내용이 전부 이해가 되는 것 같은 착각에 빠져서 '이제는 알겠어! 난 이제 어떤 문제든 풀 수 있어!'라는 근자감(근거 없는 자신감)을 갖곤 해. 수학 문제를 혼자서 고민하거나 풀려고 하지는 않으면서 수업만 완전 열심히 듣는 거지. 인강이나 학원 수업이 모든 것을 해결해줄 것이라는 굳은 믿음을 가진 채 말이야.

앞에서도 말했지만 인강이나 학원 선생님만 믿는 건 참 바보 같은 짓이야. 스스로 공부하지 않는데 수학 성적이 오를 리는 없거든. 사실 인강만 주구장창 파는 친구들을 보면, 생각하기 싫어서 강의를 듣는 경우가 많은 것 같아. 문제를 스스로 고민해서 풀기 싫으니까 기출 문제 강의를 찾는 거지.

하지만 인강이든 현강이든 선생님이 이끄는 수업은 기본적으로 자기가 부족한 부분에 대해서 도움을 받는 거라고 생각해야 해. 강의를 듣고 본 시간과 성적이 결코 비례하진 않거든.

만약 단순히 강의를 많이 듣는다고 성적이 잘 나온다면 아마 수학에 스트레스를 받는 학생이 이렇게나 많진 않을 거야. 수학 공부는 강의를 듣는 것이 다가 아니라는 이야기지. 강의를 듣는 시간보다 중요한 건 바로 혼자 푸는 시간이야!

조금 뜬금없지만 영화 이야기를 해볼까? 〈그것만이 내 세상〉이라는 영화가 있었잖아. 감동적인 스토리와 이병헌, 박정민의 호연으로 관람객들에게 좋은 평을 받은 걸로 기억해. 한물간 전직 복서 조하와 피아노를 좋아하는 진태가 이 영화의 주인공이지. 진태는 서번트 증후군이지만 피아노에 각별한 재능을 보이는 친구야. 클라이맥스는 콩쿠르에 출전한 진태가 훌륭한 연주 실력으로 마음을 울릴 때지.

난 그 장면을 보며 문득 저렇게 연주를 잘하기 위해 피아노 앞에서 얼마나 많은 시간을 보냈을까?라는 생각을 했어. 진태는 영화 내내 먹고, 자고, 게임하는 시간을 제외하면 거의 매번 피아노 앞에 앉아있는 모습을 볼 수 있었거든. 만약 듣기만 하고 스스로 연습하지 않았다면 그런 훌륭한 연주를 할 수 있었을까?

이런 면에선 수학 공부도 똑같아.

이렇게 말하면 아마 피아노 연습과 수학 연습은 다르다고 말하는 사람도 있을 거야. 하지만 조금만 생각해보면 알 거야. 무슨 일을 하든 실력을 향상하고 싶다면 정공법이 최고지. 스스로 직접 연습해보는 것이 가장 효과적인 방법이야.

많은 학생이 유명 강사의 자유이용권을 끊어놓고 무척 든든하다고 말해. 이런 학생들의 마음속엔 '이 선생님 수업만 열심히 들으면 분명 성적이 올라갈 거야'라는 굳은 믿음이 존재하는 것 같았어.

하지만 선생님이 수업하는 것만 들어서는 절대로 혼자 문제를 해결할 수 없을 거야. "선생님만 믿어요"라는 말은 피아노 연주를 보고 듣기만 하고서 배웠다고 하는 것과 같은 말이니까.

베토벤이나 모차르트의 피아노 소나타를 100번을 넘게 듣는다고 해도 스스로 연습하지 않으면 그 누구도 완벽히 연주해낼 수는 없을 거야. 진짜 수학 공부를 하려면 선생님이 아니라 나 자신을 믿어야 해. 그리고 스스로 공부를 해야 하지. 좌절도 해보고 책을 찢어버리고 싶을 만큼 고통스러운 과정을 겪으며 꿋꿋이 버텨내는 것, 그게 바로 진짜 수학 공부야.

"저 정말 수학 포기하려고 했어요."

이 말은 정말 피나는 노력으로 수학 점수를 올린 친구들이라면 모두가 공감할 수 있는 말이기도 해. 꼭 공부가 아니라도 각 분야에서 성취를 이룬 사람들을 보면 슬럼프나 괴로움이 없었다는 사람은 없어. 올림픽이나 세계선수권 대회에서 금메달을 목에 건 선수들의 인터뷰를 떠올려볼까? 선수는 감격에 차 떨리는 목소리로 감사를 표하고 이렇게 이야기하지.

"너무 힘들어서 운동을 포기하고 싶은 적도 있었어요."

TV나 영화배우들의 수상소감에도 비슷한 이야기 나오지.

"무명 시절, 배우는 내 길이 아닌 것 같다는 생각을 하며 포기 직전까지 갔지만 노력 끝에 결국 이 자리에 올 수 있었다."

이런 말을 들으면 괜히 듣는 사람도 울컥하는 것 같아. 이들의 생생한 표정과 말이 알려주듯, 이 세상엔 값진 것일수록 얻기 어렵다는 불변의 법칙이 존재해. 순위에 드는 일도 성적을 올리는 일도 모두 참 힘든 일이야. 그러니 목표를 이룬 뒤 당당히 소감을 밝힐 수 있다는 건 진짜 멋진 일이지. 포기하고 싶다는 생각이 머리끝까지 차올랐지만 끝끝내 포기하지 않고 자신과의 싸움에서 승리를 한 사람만이 할 수 있는 이야기이니까.

수학 1등급은 그냥 단순히 상위 4퍼센트, 공부 잘하는 학생들의 점수를 나타내는 말이 아니라, 포기하고 싶은 마음을 떨치고 일어나 피나는 노력을 한 친구들의 점수를 의미하는 거야.

이제부터라도 제대로 된 수학 공부를 하길 바래. 강의를 듣기만 해도 성적을 올려주는 선생님은 이 세상에 없어. 내 성적을 올려줄 수 있는 건 오직 자신뿐이거든.

가끔 선생님 중에서는 자신이 반 학생들을 만점으로 만들어줬다고 자랑 삼아 얘기하는 분들이 계신데, 그건 정말 말도 안 되는 이야기라고 생각해. 그 만점은 선생님이 아닌 학생 스스로가 만든 거니까. 그 어떤 전지전능한 선생님이라도 학생들의 성적을 만들 수는 없어. 그러니 이 세상에서 오직 나만이 내 점수를 만들 수 있다는 사실을 반드시 기억하자.

주변을 보면 이런 사실을 이미 알고 있는 친구들도 있어. 그런 친구들은 내가 봐도 진짜 열심히 하는 것 같아. 심지어는 울면서 공부하는 친구도 있어. 이렇게 간절한 친구들에게는 "걱정하지 마. 불안해하지 마. 너 정도면 분명히 만점 맞을 수 있을 거야. 네가 만점이 아니면 누가 만점 받겠니?"라고 다독여도 소용없을 때가 있어. 정말로 안쓰러울 만큼 지독하게 공부하고 불안해하고 또 공부하고 불안해하고 그래.

결국엔 이런 학생들 중에 만점자가 나오지. 자신을 믿고 노력하면 언젠가는 돼. 정말 누구나 할 수 있어.

어느 해 수학능력시험에서 전 과목 만점을 받은 학생의 인터뷰를 듣고 감탄을 한 적이 있어. 다음과 같은 내용이야.

질문 : 어떻게 공부를 했어요? 따로 학원에 다니거나 과외를 했나요?
만점자 : 수학과 영어는 사교육을 한 적이 없고, 과학이 조금 부족해서 인강을 들었어요.
질문 : 이번 수능에서 수학이 가장 어려웠다는데 어떻게 만점을 받을 수 있었나요?
만점자 : 수학 같은 경우는 문제가 풀릴 때까지 계속 혼자 풀었어요. 어려운 문제는 한 문제에 4시간씩 걸리기도 했어요. 그게 주효했던 것 같아요. 인강을 들으면 문제를 빨리 푸는 방법을 가르쳐주니까 좋긴 한데, 어차피 그건 선생님 풀이니까 전 혼자 풀었어요. 결국 시험장에서는 외롭게 저 혼자 풀어야 하는 거잖아요.

난 그 학생의 말이 진심이라는 것을 알기에 마음속으로 응원을 보냈어. 수학은 개념을 완벽하게 익힌 다음 그것을 갖고 출제자가 감춰둔 출제의도를 혼자 직접 찾아야 하는 과정이 필수니까 말이야.

학생의 인터뷰 중 특히 나를 기쁘게 했던 말은 "수학은 직접 풀어봐야 해서 한 문제에 4시간 걸리기도 했다"는 말이었어. 어려운 문제일수록 풀이 시간이 오래 걸릴 수밖에 없어. 출제의도를 교묘히 감추기 때문에 문제를 푸는 사람은 그걸 찾는 데 시간을 쓸 수밖에 없거든.

빨리 푸는 것보다 혼자 푸는 습관이 더 중요한 이유는 거기에 있지. 선생님들이 이해하기 쉽게 설명해주면 그것이 내 것이 된 듯한 착각에 빠지기 쉽지만, 선생님의 수업을 듣는 것만으로는 절대 내 것이 되지 않아.

⚡ 강의를 통해 배운 것을 스스로 풀어보는 과정을 거침으로써
비로소 내 실력이 올라가는 거야. 강의를 들으면서 충분히
이해했더라도 반복해서 내 것으로 만드는 과정이
반드시 필요해.

수학 만점에 도전하는 친구라면 혼자서 외로운 싸움을 펼쳐야 하는 시험장의 모습을 머릿속에 떠올려보길 바래. 오직 혼자 힘으로 문제를 풀어내는 습관이 반드시 네게 커다란 힘이 될 거야.

5) 모의고사 점수가 중요할까?

고등학교 3학년이 되면 누구나 이런 말을 한 번쯤 들어봤을 거야. 3월 모의고사 점수가 11월 수능 점수가 된다는 말! 특히 이 말은 수학 선생님들이 학생들에게 많이 해주는 말이기도 해. 그래서 고등학교 3학년이 되면 많은 학생이 3월부터 수학을 포기하고 암기 과목 공부에 전념한다고 해. 정말 안타까운 일이 아닐 수 없어. 누구도 책임지지 않는 이런 말을 그대로 믿어버린다니 말이야.

혹시 지금 이 책을 보고 있는 사람 중에서도 이 말을 믿는 사람이 있다면 이렇게 이야기해주고 싶어.

> 3월 모의고사 시험 망쳤다고 수학을 포기하면, 3월 모의고사 점수가 진짜 정말로 11월 수능점수가 되어버린다고.

수능 수학을 망치는 학생들의 대표적인 케이스를 보면, 모의고사를 지나치게 실전처럼 생각하는 학생들이 있어. 마치 내신 시험을 준비하듯 매월 벼락치기로 모의고사를 대비하는 경우지. 심지어 내 강의를 듣는 학생들조차 그런 말에 귀를 기울이는 것 같아 안타까워.

그래서 난 고3을 대상으로 하는 강의 첫날에 꼭 이렇게 이야기 해.

"처음부터 새로 시작하자. 지금이라도 다시 시작하면 늦지 않아."

이런 독려의 말을 들으며 마음을 다잡은 학생들은 개념 공부부터 차근차근 시작하지. 정말 제대로 한번 해보자 라는 마음으로 말이야. 일단 굳게 마음먹으면 복습과 강의를 번갈아가며 체계적으로 계획하고 집중하며 하루하루를 의미 있게 보낼 수 있게 돼. 웬만한 방해공작에도 끄떡없지. 그런데 학생들을 뒤흔드는 시기가 찾아와. 바로 3월 모의고사 시즌이지.

3월 모의고사가 다가오면 자신도 모르게 불안감이 몰려올 거야. 주변으로부터 3월 모의고사가 중요하다는 이야기를 너무 많이 들었거든. 그래서 이때 학생들은 순조롭게 해오던 수능 공부를 멈추고, 당장 모의고사 준비에 들어가야 할 것 같은 초조함을 느끼게 돼. 때마침 뉴스 이곳저곳에서 전국의 고3 학생들이 첫 모의고사를 치른다고 보도를 해대니 긴장감은 고조될 수밖에 없지.

결국 상당수 학생들이 자기 페이스를 잃어버리고 벼락치기를 선택하고 말아. 2주 동안 벼락치기 식으로 3월 모의고사를 준비하지. 이런 친구들을 보는 내 속이 어떨지 짐작이 가니? 지금은 3월이 아니라 우리의 최종 보스 11월 수능을 위해 차근차근 개념을 익혀야 할 때인데 말이야. 그렇게 작년, 재작년 3월 모의고사를 풀며 아까운 시간을 허비해버리는 것에 마음이 아파.

그렇다고 벼락치기 공부가 잘되는 것도 아니야. 마음이 급하니까 안 풀리는 문제는 해설지를 보면서 풀고, 급기야는 풀이과정을 외우기 시작해. 이렇게 거의 한 달의 시간이 날아가버리지.

3월 모의고사 점수가 괜찮다면 자신감이라도 얻을 수 있겠지만, 과연 시험을 잘 본 학생이 몇이나 될까? 예견된 참사랄까. 이렇게 공부해서는 좋은 성적을 기대하기는 어려워.

사실 당연한 결과임에도 불구하고 시험을 본 당사자, 선생님, 부모님까지 모두가 실망을 하는 걸 봤어. 심지어 이때 어떤 선생님은 수학 점수는 쉽게 올라가지 않으니 수능을 포기하고 수시를 준비하라고 조언하는 경우도 있어. 이 말에 설득당한 일부 학생들은 중간고사를 새로운 목표로 세우고 내신 공부에 몰두하지. 그렇게 열심히 내신 시험 준비를 해서 중간고사를 보고 나면 또 6월 모의고사가 다가와. 그동안 제대로 된 수능 공부를 하지 못했으니 또다시 2주 동안 벼락치기를 하고 6월 모의고사를 치를 거야.

그리고 이제 학생들은 6월이니만큼 모의고사 성적표에 따라오는 분석표를 보고 진학 가능한 학교를 가늠해보면서 일희일비하지. 그렇게 눈 깜빡할 새에 7월이 되고 여름방학이 되면 두근두근 마음이 바빠질 거야. 마음이 급하니 공부가 생각처럼 잘되지 않지.

여름방학이 쏜살처럼 지나가고 학교에 갔더니 조회시간에 선생님이 수능 원서에 붙일 사진을 가져오라고 해. 만약 너라면 이 순간 어떤 심정이겠니?

여름방학이 끝날 때까지 제대로 된 수능 공부를 한 번 하지 못했는데 벌써 수능이 코앞으로 닥쳐왔으니, 아마 시작도 전에 끝난 것 같은 기분이지 않을까?

⚡ 이렇게 시간만 낭비하는 것 같은 시나리오가 우스꽝스러워 보일 수도 있지만, 실제로 많은 고3 학생들이 이런 과정을 거치고 있어. 내신과 모의고사를 오가며 갈팡질팡 균형을 잡지 못하다가 정작 중요한 수능 공부는 뒷전으로 밀려나는 현상을 겪고 있지.

조금 지난 이야기이긴 하지만 2002년 한일 월드컵의 열기는 정말 뜨거웠어. 최고의 성적을 거둬서도 그렇고 무엇보다 예상치 못한 반전 스토리가 있었기 때문에 사람들은 더 열광했지. 월드컵 개막 전, 거스 히딩크 감독이 이끄는 국가대표 선수들은 프랑스와 체코와의 평가전에서 연속해서 5대 0으로 패하고 말지. 당시 히딩크 감독의 별명은 '오대영'이었어. 많은 사람들이 조롱 섞인 비난을 퍼부었지. 히딩크 감독은 기자회견을 자처했고 여기에서 굉장히 인상적인 말을 남겼어. 아직도 또렷이 기억나는 이 말은 내가 하고 싶은 말이기도 해.

"왜 대한민국 사람들은 모의고사에 이렇게 흥분을 하는지 모르겠다. 당신들이 모의고사에서 값싼 승리를 원한다면 지금 당장이라도 약체 팀과의 평가전을 통해 그 값싼 승리를 충분히 만끽하게 해줄 수 있다.

비록 우리는 최근에 치른 모의고사에서 5:0으로 졌지만 무엇이 부족한지를 확인했기 때문에 만족한다. 한국 사람들은 모의고사가 실전이라고 생각하고 대표 팀을 욕하지만, 우리 팀은 이 모의고사 결과를 바탕으로 오늘부터 하루에 1퍼센트씩 부족한 점을 메울 것이다. 그리고 앞으로 100일 후에 세계를 놀라게 할 것이다."

– 거스 히딩크

월드컵이 시작되고 그의 예언은 현실이 되었어. 우리나라 월드컵 팀은 사상 처음으로 4강까지 진출했지. 히딩크는 실전의 중요성을 누구보다 잘 알고 있던 사람이었어. 승패가 있는 냉정한 승부의 세계인 축구처럼 우리가 하는 공부도 마찬가지야.

🔖 가장 중요한 승부는 한 번뿐이고, 그 한 번을 위해 우리는
몇 번의 모의고사를 봐. 그런데 말이야. 대학은 11월 점수로
가는 것이지 3월, 6월 모의고사 점수로 가는 것이 아니야.

내 말은 모의고사를 못 봐도 된다는 이야기가 아니라 내가 어떤 상황인지 냉정하고 정확히 파악해야 한다는 이야기야. 내게 정말 중요한 것이 뭔지, 덜 중요한 것이 무엇인지 스스로 알아야 해. 내 인생을 누가 대신 살아주지 않는 것처럼 내 시험을 누가 대신 봐주는 건 아니거든.

한편 고3 수험생의 입장에서 볼 때 민족의 대이동 날은 설날이나 추석이 아니야. 6월 모의고사와 9월 모의고사 끝날 그쯤이지. 모의고사 점수가 나오면 많은 학생들이 이과에서 문과로 이동을 해. 이건 단순히 과를 옮기는 게 아니야. 인생이 바뀌는 결정이지! 한 청춘의 인생이 바뀔 수도 있는 이 중요한 결정이, 이 엄청난 이동이 오직 모의고사 때문에 일어난다니. 또 마음이 아파오네.

모의고사 점수가 누구에게나 중요하다는 편견과 착각에서 학생들의 수학 포기와 진학 실패가 나온다고 생각해.

⚡ 그러니 모의고사 성적을 위해 정작 중요한 11월 수능 준비의
시간과 기회를 없애버리는 건 정말 어리석은 일이야.
누가 뭐래도 모의고사는 모의고사일 뿐 절대로 휘둘리지 말자.

공부 방법이
틀렸으니까!

1) 주구장창 수학 문제만 열심히 푸니까 성적이 안 오른다

공부를 전혀 안 한 학생들은 시험 성적이 나쁘게 나와도 크게 상처를 받지 않아. 당연한 결과라고 생각하기든. 아예 시험 성석 따위에 연연해 하지 않는 학생들도 더러 있지. 정말 억울해하는 사람은 열심히 공부를 하는데도 성적이 오르지 않는 학생들이야. 남들보다 더 많이 공부하고 남들보다 더 열심히 공부하는데도, 수학 성적은 늘 제자리거나 오히려 시간이 지날수록 등급이 떨어지는 친구들이 있어. 그 친구들은 대부분 '난 해도 안되나봐' '난 수학머리가 없나봐' 라고 혼자 생각하며 절망하고 힘들어 하지.

그렇다면 수학 문제집을 주구장창 풀고 공부를 열심히 하는데도 성적이 안 오르는 이유는 뭘까? 이 질문의 답은 질문 안에 있어. '그저 열심히 수학 문제만 푸니까'가 그 답이야.

가끔 고등학교 3학년 학생들이 성적이 안 오르는 이유를 물어보면 난 이렇게 대답해.

"1월부터 줄곧 기출 문제만 풀었기 때문에 그래."

문제집을 쉬지 않고 계속 풀어도 성적이 나오지 않는 이유 중 하나는 문제를 푸는 방법에 있어. 다시 강조하지만, 수학은 생각하는 과목이야. 문제를 풀 땐 반드시 생각을 해야 해. 자신이 갖고 있는 수학의 재료 중에서 무엇을 가져다가 어떻게 접근할 것인지를 곰곰이 생각하고 연구해본 사람만이 성적을 올릴 수 있어.

그런데 요즘 학생들은 인터넷 세대라서 그런지 행동이 조금 다른 것 같아. 그건 아마도 아주 어렸을 때부터 클릭 한 번에 원하는 창이 바로바로 열리는 세상에서 살아왔기 때문일 거야. 마침 한 연구기관에서 인터넷 세대의 대기 시간에 대해 실험을 했어. 그 결과에 따르면 클릭을 해도 반응이 없을 때, 고작 2초 정도 기다려보고 끄거나 새로고침을 누르거나 다른 사이트로 이동해버린다고 해. 다시 말해, 컴퓨터나 스마트폰에서 뭔가 실행한 후에 뒤따르는 반응에 대해 오래 기다리지 않는다는 거야. 그리고 이런 인터넷 세대들은 수학도 비슷하게 생각하는 것 같아.

💗 문제를 보고 풀이방법이 생각나지 않으면 채 1분도 고민하지 않아.

....

20초 내지 30초 정도 생각해보고 안 풀리면 바로 해설지를 꺼내들지.

....

해설지를 보면 풀이방법도 답도 바로바로 나오니까.

....

해설을 보고 '아는 문제를 틀렸다'고 생각해. 하지만 이건 착각일 뿐이지. 해설지만 보고 넘어간 문제는 분명 다음에 또 틀리게 되어 있거든. 이런 방식은 슬쩍 보면 공부를 열심히 하는 것 같아 보이지만 실은 시간 낭비를 하고 있는 것이나 다름없어. 문제 한번 보고 안 풀리면 해설지를 보는 것은 공부라고 할 수 없지.

'저는 열심히 공부하는데 왜 성적이 안 오를까요?'하고 고민하는 학생들 중 상당수가 바로 이런 방식으로 공부를 해.

게다가 학생들이든 학부모들이든 문제집을 많이 풀면 풀수록 성적이 오른다고 착각하고 있는 것 같아. 거기에서 한 발 더 나가서 어떤 부모님들은 좋은 문제집을 찾아주기 위해 수험생 카페에 가입해서 정보를 수집하거나 주변 여기저기에 자문을 구하는 분들이 계시지. "이 정도는 풀어봐야 돼" "이 문제집이 좋대" 라는 조언을 바탕으로 산 문제집을 자녀의 책꽂이에 꽂아두곤 하는 거지.

하지만 진짜 중요한 건 문제집이 아니야. 그 옛날에 유행하던 성석수학책? 해법수학책? 그 어떤 문제집이든 상관없어. 그 안에 수록된 모든 문제를 혼자서 풀 수 있거나, 언제든 남들에게 설명할 수 있을 만큼 완벽히 이해하는 것이 더 중요한 일이지. 자신의 과거를 한 번 되짚어 보자. 완벽하게 끝냈다고 말할 수 있는 문제집이 단 한 권이라도 있는지 없는지 말이야. 여기서 문제집 한 권을 완벽하게 정복한다는 것은 그 책에 있는 어떤 문제를 두고 출제의도까지 완벽하게 설명하면서 풀 수 있는 상태를 말해.

문제집 한 권을 완벽하게 공부했을 때의 효과는 무척 커. 문제집을 대강 한 번씩 열 권을 돌리는 것보다 차라리 한 권이라도 그 안에 들어있는 모든 문제를 집요할 정도로 철저히 파고드는 것이 훨씬 더 효과적이야.

> ⚡ 진짜 중요한 건 많이 푸는 것보다 제대로 아는 거야.
> 양보다는 질! 이 말이 딱 맞아.

2) 해설지 꺼내 보지 말고 꼭 혼자 풀어!

수학 공부를 할 때 많은 학생들이 문제지와 해설지를 함께 놓고 공부를 해. 문제가 안 풀리면 곧바로 해설지를 보기 위해서지. 풀리지 않던 문제도 해설지를 보면 이해되는 경우가 많기 때문이야. 그렇게 빠르고 쉽게 이해를 한 다음 흔히 이렇게 생각하지.

'이번에 이해했으니 다음에 비슷한 문제가 나왔을 땐 풀 수 있겠지 뭐.'

다시 잘 생각해보자. 해설지에 적혀있는 풀이과정을 이해하지 못해서 틀린 것이 아니라 그 접근 방법을 혼자서 생각해내지 못해서 틀린 것이 아닐까?

문제에 대한 접근 방법을 스스로 여러 번 고민해보고 최적의 방법을 발견한 다음 그 과정을 반성하는 것. 이러한 과정의 반복이 바로 연습이야.

모든 수학 문제에는 그 문제에 주어진 조건 속에 풀이방법을 만들어내는 힌트가 들어있어. 반드시 그렇게 풀어야 하는 이유들이 문제 안에 들어있다는 얘기지. 그게 바로 출제의도야. 우리가 어려운 문제를 못 풀었다는 얘기는 문제 속에서 감추어진 그 출제의도를 발견하지 못했다는 얘기와 같은 말이야.

어려운 문제일수록 출제지는 그 출제의도를 꽁꽁 감추려고 하기 때문에 우리 스스로 그것을 발견해내기 위해서는 끊임없는 연습과정이 필요하지. 그런데 말이야, 만약 그런 연습과정 없이 풀이가 막혔을 때마다 해설지를 보고 바로바로 다음 단계로 넘어간다면 어떻게 될까?

'아. 이렇게 푸는 것이었구나. 이젠 알겠어.' 하고 넘어가버리면. 다음에 그 문제가 약간만 변형되어 나와도 또 틀리고 말 거야. 이 점을 꼭 명심해. 해설지를 보고 이해했다고 해서 그 문제를 풀 수 있게 되는 것은 아니야.

그렇게 익힌 풀이는 해설지를 쓴 사람의 풀이방법을 순간적으로 암기한 것일 뿐이야. 결코 온전히 나만의 것이 될 수 없지. 그렇다면 어떻게 공부해야 할까?

해설지 없는 공부를 해야 해. 아마 그동안 믿고 기댔던 해설지를 치워버리는 건 쉽지 않을 거야. 그래도 혼자 풀 수 있는 문제를 늘려가려면 그 방법 밖에는 없어. 앞에서 이야기한 것 같은 제대로 된 연습과정을 꾸준히 반복해야 실력이 늘지. 그리고 또 대부분 틀린 문제만 다시 풀어보던데, 맞은 문제도 그 풀이과정을 다시 돌아봐야 해.

'내가 어떻게 풀었지?' '내가 주어진 조건에 따라 이렇게 저렇게 해서 출제자의 의도를 발견했구나' 라는 생각과 함께 풀이과정을 다시 돌아보고 그렇게 풀 수밖에 없는 이유를 스스로 재확인해봐야 해. 이러한 과정을 반성이라고 부르지. 갈 길도 바쁜데 반성의 시간까지 가져야 하는 이유는 뭘까?

다들 한번쯤 이런 경험을 해봤을 거야. 분명 며칠 전에 풀 때는 출제자의 의도도 잘 찾아내서 답을 맞혔던 문제인데, 오늘 다시 풀어보려고 하니 안 풀리는 그런 황당한 경험. 이런 경우는 대부분 그날의 컨디션이 좋아서 혹은 우연히 그 풀이를 생각해냈기 때문이야.

출제자의 의도에 따라 주어진 조건을 필연의 과정으로 풀이한 것이 아니라 운 좋게 맞혔을 뿐인 거지. 운도 실력이라지만 우리가 하는 수학 공부는 운보다는 필연적인 실력을 키우는 것이 목적이 되어야 해. 바로 그게 맞혔던 문제도 다시 돌아보는 반성의 과정이 필요한 이유야.

70~80점대 어중간한 점수의 학생들, 2 혹은 3등급에서 1등급으로 치고 올라가지 못하는 중위권 학생들에게서 찾아볼 수 있는 공통적인 특징이 있어. 풀어서 답이 나오면 넘어가는 행동을 해. 왜 이렇게 풀었어야 하는지 알아보지 않은 채 답만 맞았으면 그 문제는 안다고 생각하는 거지.

예를 들면 허들 달리기에서 허들을 계속 넘이뜨리면서 앞으로 나아가는 모습 같은 거라고 볼 수 있어. 그렇게 제대로 짚지 않고 계속 넘어가버리니 점수가 오를 수 없는 거야. 이제부터라도 인정하고 명심하자.

분명히 풀어서 맞았는데 일주일 후에 다시 풀어봤을 때 안 풀린다면 넌 그 문제를 우연히 풀었던 거야. 그 문제는 내가 정복한 문제가 아닌 모르는 문제로 분류해야 해.

그렇게 몰랐던 문제, 틀린 문제를 온전히 내 것으로 만들고 싶다면, 너의 공부 스케줄 안에 '연습과 반성'을 반드시 넣어야 해. 그렇게 명확하게 아는 문제를 하나씩 쌓아 나간다면 성적은 반드시 오를 거야.

특히 네 실력의 탑 안에 쌓이는 문제가 좋은 문제일수록 더욱 성장할 수 있어. 나는 6월 모의고사와 9월 모의고사를 보고 나면 '참 아깝다'는 생각을 해. 뭐가 아깝냐고?

학생들이 버리는 문제들이 아까워. 수능을 치르기 전에 만나볼 수 있는 제일 좋은 문제들이 바로 6월 모의고사와 9월 모의고사에 출제되거든. 수능 출제기관인 한국교육과정평가원에서 출제한 것이기 때문에 그 어떤 문제보다 퀄리티가 높아. 그뿐만 아니라 수능 경향을 예측할 수 있기 때문에 정말 훌륭한 자료라고 할 수 있지.

그런데 이 좋은 문제들을 학생들은 바로 버려. 여기서 버린다는 건 시험지를 땅에 버린다는 일차원적인 의미가 아니라 다시 시간을 들여 풀어보지 않는다는 말이야. 즉 모의고사가 끝나자마자 못 푼 문제의 해설 강의를 보는 것, 그것이 바로 버리는 거지.

오늘 시험 본 문제 중에 안 풀리는 문제가 있다고 바로 해설 강의를 보는 것은 그야말로 독(毒)이 돼. 우리는 해설 강의를 보기 전에 최대한 시도를 해봐야 해. 개념과 연습과 반성의 과정을 꾸준히 해왔던 친구라면 숨겨놓은 출제자의 출제의도를 찾을 수 있을 거야. 적어도 세 번 이상은 시도해봤으면 해. 고통스럽고 답답해도 그렇게 하길 바래. 그것이 제대로 된 수학 공부고, 네게 어떤 식으로든 반드시 도움이 될 방법이니까.

만약 해설지를 가장 잘 활용하고 싶거든 규칙을 정하면 돼. 답을 맞춘 문제에 한해서만 해설지를 보고 해설 강의를 듣도록 하는 거야. 맞춘 문제에서 자신의 풀이방법과 해설지의 풀이방법을 비교해보는 거지. 혹시 내가 발견하지 못한 출제의도는 없었는지, 더 좋은 방법으로 푸는 방법이 있었는데 난 왜 발견하지 못했는지 등등을 생각하며 자연스레 반성이 돼.

물론 반성을 하라는 것은 눈물을 흘리라는 말이 아니야. 문제를 푸는 과정을 필연의 과정으로 되새겨보라는 얘기지.

'이 문제는 이 조건과 이 조건에 의해서 이렇게 풀 수밖에 없겠네, 앞으로 이렇게 출제되면 이런 방식으로 접근해봐야겠다'라고 복기의 과정을 거친 후에 넘어가는 것.

그 반성의 과정은 네게 정말 필요한 시간이야. 나를 믿고 실천해보자. 정말 이 방법이 수학 실력을 상승시키는 가장 효과적인 방법이거든.

정리하면, 안 풀린다고 곧바로 해설지나 해설 강의를 보는 것은 최악의 공부 방법이라는 점. 답으로 가는 가장 빠른 방법처럼 보이지만 사실은 시간 낭비를 하는 것과 같다는 걸 기억하자. 진짜 지름길은 스스로 출제의도를 찾아 실력을 쌓는 거야.

다시 말하지만 수학은 게임이야. 출제자의 의도에 맞게 필연적인 풀이과정을 발견하는 게임. 그러니 이 게임의 승리를 위해 치트키를 쓰지 않았으면 좋겠어. 치트키의 치트(cheat)는 '속이다'라는 뜻을 가지고 있거든. 속이듯 쉽게 얻은 답은 오래 가지 않아. 그리고 치트키 같은 해설지를 보고 답을 발견해내면 게임을 하는 의미도 재미도 반감될 거야.

⚡ 조금 더 힘들지라도 자신을 믿고 노력하다 보면 그 무엇과도
바꿀 수 없는 수학의 재미와 의미를 발견할 수 있을 거야.
연습과 반성으로 이 게임의 룰을 깨우친다면 너도 얼마든지
위너가 될 수 있어.

무슨 말이 더 필요해! 명승제 샘쌤님이야!

3) 나의 상황에 맞는 방식으로 공부하라

고3이 되면 대부분의 학생들은 뭔가 해보려는 의지가 강해지고 실제로도 엄청 열심히 해. 하지만 안타깝게도 공부의 방향을 잘못 잡는 학생들이 많아. 현재 자신이 처한 상황에 맞게 공부해야 하지만 많은 학생이 그렇게 하지 않지.

그럴 땐 '나는 지금 어떤 상황인가'하고 자신을 돌아볼 필요가 있어. 만약 개념이 완성되어 있지 않은 상태라면 다른 생각 말고 개념 공부를 먼저 해야 해. 만약 개념이 끝난 상태라면 '연습'과 '반성'을 무한히 반복해야 하지.

그래서 나는 TV나 신문에 등장하는 D-100일 학습법 같은 말들을 무척 싫어해. 수험생 천 명이면 천 가지의 상황이 있고 각자 전부 다른데, 모두에게 통용되는 100일 학습법이라니! '100일 남았으니 이렇게 공부해야 해'라는 말은 정말 말이 안 돼.

수많은 친구들을 가르쳐온 나는 매년 이런 말이 나올 때마다 괴로워. 누군가는 이 말을 듣고 그대로 따라할 것이 눈에 선하기 때문이야.

그뿐일까? 고3 학생들에게 정말 도움이 안 되는 상황은 명절에도 벌어지지. 어느 집이든 명절에 친척이 여럿 모이면 자녀들의 공부이야기는 빠지지 않아. 그중에서도 공부를 유별나게 잘해서 명문대에 입학한 오빠나 형이 꼭 한 명은 있을 거야. 분명 그 형(오빠)은 조언을 해주고 싶어서 안달이 나 있겠지. 말을 하다가도 주제가 그쪽으로만 이어지면 곧바로 이런저런 조언들을 쏟아낼 거야. 그 형의 고3 때—개념 정립의 정도, 모의고사 점수, 타 과목의 점수 등—와 지금 내 상황은 객관적으로 분명 다르지만 전혀 아랑곳하지 않지.

하루에 몇 시간씩 공부해라, 누구의 수업을 들어라, 무슨 학원을 다녀라, 어떤 문제지를 풀어라 등등 철저하게 자신의 고3 때 기억만을 떠올리며, 자신의 입장을 앞세워 조언을 하지. 하지만 이런 경우 나의 상황과는 전혀 맞지 않은 조언일 가능성이 커. 차라리 듣지 않은 것만 못하게 되는 거지. 그래서 나는 고3 학생들에게 명절 때 친척이 모이는 장소에 절대 가지 말라는 당부를 하곤 해.

물론 가족의 응원과 조언은 걱정에서 우러나온 말이기에 마음으로는 참 감사한 일이야. 그렇다 해도 그들의 조언이 모두 맞는 건 아니야. 공부 잘하는 친척은 수학 점수가 오르지 않아 속상한 나의 마음을, 내가 수학을 싫어하는 이유를 잘 이해하지 못할 거야.

마찬가지로 공부의 진도도 다르지. 내게 개념 공부가 필요한 상황인지, 기출 문제가 필요한 상황인지는 다른 사람보다 자신이 더 잘 알 걸. 만약 잘 모르겠다고 해도 주위에서 친척들이 "잘 듣고 형이 시키는 대로만 해"라고 말한다고 그대로 따라했다가는 수능 점수를 올리는 길에서 점점 더 멀어질 거야.

고1, 고2도 마찬가지지만 시간이 귀한 고3이라면 더욱더 현재
자신이 처한 상황에 맞는 공부가 필요해.

4) 진짜로 가고 싶은 목표대학을 정해라

수험생이 되면 대개 어느 정도 대학까지는 꼭 가야겠다는 바텀
라인(Bottom Line)이 생겨. 예를 들어 꿈이 의사거나 가족들 중에 의
사가 있으면 자연스럽게 '의대는 가야지!'라는 목표를 가질 수 있지.
또 가족이 명문대 출신이거나 라이벌로 생각하는 사람이 명문대에
다니고 있으면 자연스럽게 '나도 꼭 명문대에 가고 말 거야!'같은 목
표를 가질 수도 있어.

그런 목표를 두면 '그것이 아니면 상상할 수 없어' 혹은 '나는 무
조건 여기까지는 갈 거야'라고 생각하는 치저라인이 생기잖아. 난 그
게 절실함이라고 생각해. 그리고 그 절실함이 행동으로 이어진다고
믿어.

스스로 '그 대학 아니면 절대 인정할 수 없다'고 생각하는 바텀
라인이 생기면 자연스럽게 더 많은 노력을 하게 될 거야. 죽었다 깨
어나도 무조건 해내고 싶다는 마음이 실천의 동기가 되고 힘이 될
테니까.

이런 목적의식은 수험생뿐만 아니라 다른 분야에서도 마찬가지야. 높은 바텀 라인을 갖고 있으면 남들보다 배는 더 노력하게 되고, 상대적으로 더 높은 위치에 올라가는 경우가 많아. 성공한 연예인이나 스포츠 스타들의 인터뷰를 보면 알 수 있어. 이들의 말을 들어보면 뛰어난 재능은 기본이고 스스로 추구하는 바텀 라인이 대단히 높다는 걸 느낄 수 있어. 바텀 라인이 높으니 자신의 일에 진짜 목숨을 걸고 열정적으로 하는구나, 진짜 프로구나 그런 느낌 말이야.

하지만 사실 반대의 경우도 많아. 내가 지금까지 사회생활을 하며 만나본 사람들을 떠올려보면 바텀 라인이 높지 않은 사람이 더 많았거든. 자신의 생업에 직접 관련된 일인데도 목숨은커녕 작은 노력조차 하지 않는 소극적이고 수동적인 사람들이 의외로 많았어.

그런 사람들은 꼭 어디까지 올라가야지 하는 의욕이나 바텀 라인이 아예 없거나 낮은 경우였어. '남들보다 잘해야 해'가 아니라 '남들만큼만 하면 되지 뭐' 혹은 '중간만 가면 되지 뭐'라고 생각하는 사람들이 정말 의외로 많더군.

이 세상이 무한 경쟁 사회라고들 하지만 실제로 경쟁이라는 무대에 서있는 사람들이 그다지 많지 않다는 사실을 다시 한 번 느끼게 돼. 그래서 우리가 살고 있는 이 사회는, 실은 극히 일부분의 사람들만이 경쟁하는 일부 경쟁 사회가 아닐까 싶어.

입시 경쟁 사회도 마찬가지라고 생각해. 강의를 듣는 학생들과 얘기를 나누다 보면 바텀 라인과 그것이 가져오는 결과가 예측이 되곤 하지. 어느 선까지 가고 싶으냐고 질문하면 어떤 학생이든 어느 선까지는 가고 싶다고 이야기해. 이 질문과 답에서 가장 중요한 건 그 선이야. 왜냐하면 학생들은 대부분 그 선까지 노력을 하고 그 선에서 타협을 해버리거든.

"대학은 서울로 가야죠. 저는 무조건 서울에 있는 대학에 갈 거예요"라고 답하는 친구는 서울권에 있는 대학에 가고, "저는 서울대 말고 다른 학교는 생각해본 적도 없어요. 무슨 일이 있어도 서울대 갈 거예요"라고 답하는 친구는 서울대에 들어가고, "저는 연세대나 고려대가 마지노선입니다"라고 답하는 학생들은 나중에 보면 연세대나 고려대에 합격해 있는 걸 볼 수 있었어. 간절하고 절실하면 반드시 이루어진다는 말 그대로지.

인터뷰 때 보면 자신의 바텀 라인을 당당히 이야기하는 친구들이 있어. 그런 친구들에게 난, 반드시 그렇게 될 거라고 이야기해 줘.

⚡ "선생님, 저는 죽어도 인(in)서울권 대학에 입학할 거예요."
....
"네가 정말로 인서울이 목표라면 넌 분명히 그렇게 될 거야.
....
인서울에 들어갈 만큼은 공부하게 되어 있어. 사람은 목표에
....
맞게 행동하게 되어 있거든."
....

반면 아주 높은 수준의 대학을 원한다고 바텀 라인을 설정해놓고 그 목표에 걸맞지 않는 공부를 하는 친구들에게는 "목표 설정이 잘못된 것 같아. 그 대학을 갔으면 좋겠다는 막연한 바람만 가지고 있을 뿐이라면 솔직히 다시 생각해보았으면 해. 네 진정한 목표는 그 학교가 아닐 거야. 목표를 낮추는 게 좋을 듯해"라고 가감 없이 이야기를 해주고 있어.

만약 목표가 높다면 그에 맞춰 그만큼 더욱 노력을 해야 해. 하지만 목표만 높고 그에 상응하는 노력이 수반되지 않으면 불행해질 수밖에 없을 거야.

정말로 간절히 원하고 마음을 굳게 먹는다면 그것을 얻기 위해 혹독하고 절실하게 노력하게 될 거야. 되면 좋고 아니면 말고 하는 식의 태도를 가지고 있다면 아마 노력도 하지 않겠지. 그런 의미에서 공부는 다이어트와 비슷한 구석이 많아. 이번엔 기필코 살을 빼겠다는 절실함을 가지고 노력하는 사람들은 정말로 살을 빼게 되어 있어. 하지만 '살 좀 빠지면 좋겠어'라고 푸념만 늘어놓는 사람이라면 다이어트를 시도하는 것조차 어려운 일이 될 거야.

또 금연이 정말로 어렵다고 하지만 성공하는 사람들이 분명히 있어. 그 사람들은 결심 후 담배와의 인연을 완전히 끊어버릴 수 있도록 자신의 삶을 철저히 바꾼 사람들이지. 반면 "담배는 기호식품인데 뭐 어때, 천천히 끊지 뭐" 이런 사고방식을 가진 사람들은 절대 못 끊을 거야.

대학교 진학, 다이어트, 금연 뿐만 아니라 사회생활도 비슷한 것 같아. 대기업에 다니는 친구 중 자주 이런 말을 하는 친구가 있었어. "나는 회사에서 무조건 이사까지는 올라갈 거야. ㅇㅇ전자 임원이 내 목표지" 이렇게 목적의식이 분명한 사람들은 워커 홀릭이 되는 경우가 많아. 그리고 이런 사람들은 실제로 입사동기들보다 더 빨리 승진하기도 해.

물론 워커 홀릭을 지향하라는 이야기는 아니야. 다만 사람마다 절실히 원하는 선이 있고 대부분 거기에 맞춰서 노력의 강도를 달리 한다는 걸 이야기하는 거야.

연봉이 10억이나 20억이 목표라면 남들보다 더 늦게 퇴근할 각오로 일해야 하고, 명문대 진학이 목표라면 밤을 새워서라도 남들보다 더 열심히 공부하는 게 맞아. 가족들과 문화생활을 즐기면서 느긋하게 살고 싶은데 동시에 연봉 20억을 꿈꾼다는 건 욕심일 거야. 청춘은 한 번뿐이니 즐길 것 즐겨가며 느긋하게 공부하고 싶다면 수능 수학 만점을 꿈꿔서는 안 될 거야. 목표는 연봉 20억이고 수능 만점인데 대충 사는 사람은 스스로를 괴롭게 만드는 거지.

1등급! 수학 만점이 나의 목표라면, 자고 먹고 놀고 싶은 것 대신 미친 듯이 공부에 몰입해야 해.

'간절히 원하면 이루어진다'라는 말 들어봤지? 일이 잘 풀릴 것으로 기대하면 잘되고, 안 풀릴 것 같다고 생각하면 정말 안되는 걸 피

그말리온 효과라고 해. 내 생각에 입시는 이를 아주 잘 보여주는 것 같아. 간절히 원하고 기대하면 원하는 바를 이룰 수 있다는 걸 보여 주는 게 바로 입시야.

그러니 가능하면 바텀 라인을 높게 잡자. 지금 내 실력으로 갈 수 있는 대학보다 한두 단계 위의 대학을 설정해놓고, 반드시 그 대학에 가야 할 이유를 찾자. 고리타분한 말일 수 있지만, 국적은 바꿀 수 있어도 학적은 바꿀 수 없다는 말이 있어. 좋은 선배, 좋은 친구, 좋은 후배, 훌륭한 교수님들, 좋은 스펙 등 더 좋은 대학에 가야 할 여러 가지 성취동기 중 내게 진짜 절실하게 다가오는 것을 찾아보자. 높은 바텀 라인은 스스로 좀 더 노력하고 싶게끔 해줄 테니까.

5) 빠른 방법, 신기한 방법, 편법을 맹신하지 마라

교과서적인 풀이란 우리의 학습 목표에 맞는 가장 기본적인 풀이야. 평가원에서 출제하는 수능문제에 가장 효과적인 풀이기도 하지.

그런데 안타깝게도 교과서적인 방법을 무시하는 학생들이 있어. 정석적인 풀이방식에 소홀히 하고 빨리 푸는 방법, 신기한 방법을 좋아하고 뭔가 새로운 풀이법을 찾는 친구들이지. 생각보다 많은 수의 학생이 이런 생각을 가지고 있어.

하지만 이 친구들이 잘 모르는 게 있어. 이런 독특한 풀이들은 독특한 문제에만 해당되는 것들이 대부분이야. 또한 그런 스킬들은 기본이 되어 있는 상태에서 추가적인 도움을 줄 뿐 기본을 대체할 수는 없어. 마찬가지로 기본이 없는 상태에서 정석이 아닌 방법(각종 스킬과 편법) 위주로 공부하는 친구들은 좋은 성과를 낼 수 없지.

공부에서 가장 중요한 건 본질이야. 본질은 놓친 채 문제 풀이의 지름길만 찾아다니면, 고난이도 문제를 해결하지 못할 가능성이 점점 높아진다고 볼 수 있어. 물론 수학적으로만 타당하다면 문제 풀이를 위해 여러 가지 방법으로 접근하는 것은 지극히 추천할 만한 행동이지. 하지만 그것도 교과서적인 풀이방법을 완전히 익힌 친구들에게 해당되는 일이야.

산꼭대기에 이르는 길이 꼭 한 가지는 아닐 거야. 여러 갈래의 길이 있겠지. 그중에서도 정상에 빨리 도달하는 소위 지름길은 더 위험하고 경사가 가파를 거야.

수하 문제도 마찬기지로 여러 가지 풀이방법이 있어. 그중에서 지름길과 같은 빠른 문제 풀이가 분명히 존재하겠지만 그것에만 치중하다 보면 기본이 무너질 수도 있지. 뿌리가 튼튼한 나무가 높이 자라고, 높은 빌딩일수록 지하가 탄탄해야 하는 것처럼, 교과서적으로 푸는 것이 바탕이 되어아만 여러 다양한 유형의 문제들을 두루두루 접근할 수 있는 기본적인 힘을 기를 수 있어.

정석적인 풀이에 거부감이 있던 친구들 중 내 말에 조금이라도

설득되었다면 지금이라도 기본을 쌓는 공부를 하길 바래. 아마 수능
시험이 끝난 후 더 절실히 느끼게 될 거야. 이 말이 무슨 말인지를.

❹
질문부터 하려고
하니까!

1) 수업 시간에는 질문을 많이 해야 한다고?

학부모 참관수업 날 부모님들이 눈여겨보는 것 중 하나가 바로 누가 질문하는가야. 질문을 한다는 건 수업 시간에 충실했냐는 사실의 반증이거든. 그래서 어느 학생이 질문을 하면 그 학생의 부모님은 자랑스러워서 어깨를 으쓱하고는 해.

더욱이 어떤 부모님들은 "수업 시간에 모르면 선생님께 질문해"라든지 "과외 선생님 붙여줄 테니 모르는 부분 다 질문해"라면서 질문이 없어도 만들어 하라는 듯 자꾸 부추기기도 해.

선생님께 질문을 많이 하면 성적이 오른다고 믿기 때문이겠지.

그런데 내 생각엔 반드시 그런 것 같지는 않아. 특히 수학은 모른다고 질문하는 과목이 아니야. 개념이 이해가 안될 때에는 바로바로 질문해야 하는 것이 맞지만, 문제 풀이에 있어서는 질문을 최대한 하지 말아야 해.

수학은 모르면 될 때까지 스스로 도전하고 또다시 도전해봐야 하거든. 못 풀 때마다 옆에서 계속 도와준다면 그 학생의 수학 점수는 오르지 않을 가능성이 커. 정말 모르겠어서 선생님께 질문을 하더라도 "선생님, 이거 어떻게 푸는 거예요?"라는 식의 질문을 한다면, 미안하지만 하지 않는 것이 더 나을 거야. 질문에도 수준이 있고 품격이 있어. 이제 그걸 알려줄게.

정말 열심히 공부하는 친구들은 자신이 풀었던 과정이 적혀있는 문제를 들고 와서 이렇게 묻곤 해.

"선생님, 여기까지 고민해봤는데 접근이 안 돼요. 여기까지 생각했는데도 출제의도가 안 보여요. 제가 생각한 것의 문제점이 뭘까요? 답은 절대 말씀해주시지 말고요."

적어도 수학에 있어서만큼은 바로 이게 제대로 된 질문이야. 질문은 혼자서 고민해보다가 정말로 안 풀릴 경우에 '잘못된 점을 이야기해달라'는 것이어야 해.

"선생님, 이렇게 나오는데 저는 이렇게 생각해봤어요. 이렇게 풀었는데 수학적으로 잘못된 점이 뭐예요?" 혹은 "이 문제를 이렇게 알려주셨는데요, 어떤 점 때문에 이렇게 생각해야 하는 건가요?" 이런 식의 질문이 바로 수학 실력을 높여주는 질문이지.

2) "어떻게 푸는 거예요?" "무조건 이렇게 풀면 돼."

앞에서 이야기한 것처럼 학생들이 선생님에게 하는 제일 나쁜 질문은 "선생님, 이거 어떻게 푸는 거예요?"였어. 그렇다면 가장 나쁜 선생님의 대답은 뭘까? 그건 바로 "무조건 이렇게 풀면 된다"라고 말하는 거야.

이 두 가지가 나쁜 이유는, 학생이 "선생님 이건 어떻게 푸는 거예요?"라고 묻는 것은 그 문제의 풀이법을 알려달라는 것이나 다름없기 때문이야.

또 "이것은 무조건 이렇게 풀면 된다"는 선생님의 답은 이런 유형의 문제 풀이방법을 알려주고 임기시키려는 속내가 숨어있지.

실상 '질문은 무조건 좋은 것'이라고 생각하는 학생들의 질문을 보면 대략 80퍼센트 정도는 스스로도 풀 수 있는 문제인 경우가 많아. 골똘히 조금 더 생각해보지 않았기 때문에 문제가 안 풀렸던 것이지. 질문을 받으면 그런 사실이 바로 보이기 때문에 닌 그런 학생들에게는 절대 가르쳐주지 않아. 대신 "몇 번 더 생각해봐, 어떻게 해야 할까? 그 다음엔?" 이런 식으로 스스로 답을 찾아갈 수 있게 유도를 해.

그러면 결국 학생의 입에서 "아, 풀리네!" 라는 말이 저절로 나오게 되거든.

이렇게 혼자 풀 수 있는 문제를 질문하는 학생들을 좀 더 자세히 들여다 보면, 평소 부모님이 '모르면 선생님께 질문해'라고 말했을 가능성이 커. 하지만 그렇다고 해도 이제 스스로 깨우쳐야 해. 이런저런 문제는 질문할 게 아니라 혼자 고민해봐야 하는구나라고 말이야. 문제의 해법은 스스로 발견해내야 수능시험을 보러 가서도 혼자서 문제를 해결할 수 있게 돼.

자 지금까지 내가 혼자 해결하라는 것은 문제 풀이에 대한 부분이었어. 만일 개념을 모른다면 당연히 질문해야 해. 예를 들어 소인수분해를 활용해서 해결해야 하는 문제인데 약수를 모른다면 꼭 질문을 해야 하는 거야. 다만 이때에도 "이 문제는 어떻게 푸는 거예요?" 라는 식의 질문은 피해야 한다는 거야, 알겠지?

이제 공부를 해도 늘지 않는 이유 몇 가지의 정체가 밝혀졌어. 아주 잠깐 고민해보고, 안 풀린다고 질문하고, 해설지를 보면서 공부하면 실력이 전혀 늘지 않지. 그리고 '3월 모의고사 점수가 11월 수능 점수다'라는 말을 걸러 들어야 한다는 것까지 차근차근 이야기해봤어.

이번에 살펴볼 부분은 암기식 공부의 한계야.

가장 많은 학생이 하고 있는 해설지 암기식 공부로는 1년이 아니라 3년을 공부해도(2~3등급까지는 혹시 모르지만) 1등급이나 만점으로까진 올라가지 못해. 해설지의 풀이와 똑같지 않아도 좋으니 오직 혼자서 해결해보려고 해야 해. 해설지나 선생님이 가르쳐준 것과 다른 방법으로 풀었다고 무조건 나쁜 건 아니니까. 어떤 방법으로 문제를 풀든 수학적으로 오류만 없다면 잘못된 것은 아니지.

그렇게 스스로 답을 알아낸 후에 해설지를 통해서 좀 더 나은 풀이에 대해 공부하고 업그레이드를 하면 돼. 왜 나는 그렇게 생각해내지 못했는지 원인을 분석하고 그렇게 풀도록 하기 위해 무엇이 부족했는지 생각하는 것이 좋지.

바로 이것이 앞서 강조했던 반성의 과정이야.

해설지의 풀이대로만 풀어야 한다고 생각하는 친구들, 그래서 조금만 모르더라도 해설지를 보고 푸는 연습을 하는 친구들은 대개 어느 선까지만 수학 점수가 오르고 이후엔 정체되는 경우가 많아. 이런 경우 겉으로 보면 굉장히 열심히 공부하는 것처럼 보이지. 어렸을 때부터 성실함 하나는 자부하는 그런 친구들 말이야. 수학만 빼고 다른 과목은 탁월하게 잘하는 친구들도 비슷한 경우일 가능성이 커.

점수가 오르지 않는 이유가 분명한데도 해설지 없이는 공부하지 못하겠다고 말하는 학생들을 보면 정말 안타까워. 예를 들어 4명씩 8줄로 서있는 아이들 숫자를 헤아리기 위해서라면 '사팔에 삼십이(4×8=32)' 하면 간단한 문제인데, 답을 내기 위해 손가락으로 한 명씩 세고 있는 느낌이랄까.

물론 누구나 사팔에 삼십이라는 것은 외워서 알고 있을 거야. 하지만 여기에서 이야기하는 건, 곱하기가 더하기에서 나왔다는 것과 같은 수학의 의미를 파악하지 못하는 학생이 많다는 점이야. 고등 수학의 공식도 구구단 노래처럼 신나게 외우기만 하는 느낌이지.

학생들에게 $\log_2 8$이 얼마냐고 물으면 3이라는 대답이 바로 튀어 나와. 그런데 정작 $\log_2 8$의 뜻을 제대로 알고 푼 학생은 많지 않을 거야.

답은 빠르게 맞췄지만 정작 $\log_2 8$이 왜 3인지를 모르는 거야. 그저 로그의 성질상 8을 2^3으로 바꾼 다음에 지수를 내린다고 배웠을 뿐이야. 많은 학생들은 지수가 내려가는 이유에 대해서는 알지도 못하고 관심을 갖지도 않지. 문제는 이처럼 로그함수의 의미를 모르고 문제를 푼다는 사실을 아무도 이상하게 생각하지 않는다는 거야. 부모님도 체크를 안 하고, 수학 선생님들도 체크를 안 해. 왜 그런걸까?

해결해야 할 진도가 있고 시험문제 출제하고 채점하고 평가해서 등급산정도 하고 생활기록부에 기록하는 등 할 일이 산더미처럼 쌓여있을 테니까. 학생과 학부모는 그것을 체크해야 한다는 사실을 모르기 때문에 별 의심 없이 하던 것을 계속 해나가지. 학원에서도 빨리 진도를 빼야 하기 때문에 체크를 하지 않지. 빨리 진도 빼고 중간고사, 기말고사 때마다 학교별로 기출 문제 훈련시켜서 내신 시험 점수를 올려야 학부모들이 만족하고 재등록을 할 테니까 말이야.

그렇게 점점 학생이 알고 푸는지 모르고 푸는지 아무도 관심을 두지 않는 지경이 되었어. 결국 학생들만 힘들어지는 거지.

제대로 배워서 제대로 알아야 하는데, 아무도 그것을 체크해주지 않아. 풀이방법만 계속 알려주고 점수만 계속 체크하지. 그러니 수학은 점점 더 어렵고, 힘들고, 열심히 해도 수학 점수가 안 오르는 악순환에 빠지게 되는 거야. 학생들은 아무것도 모르는데 계속 문제를 풀라고 하고, 문제를 푸는 데 시간이 오래 걸리면 '그것도 못 풀어?'하면서 면박을 당해왔을 거야. 그러니 이제부터라도 달라져야지.

선생님과 부모님들도 달라져야 하지만 무엇보다도 학생 스스로가 달라져야 해.

> ⚡ 지금까지 언급했던 수학에 대한 편견을 모두 버리고,
> 나는 수학 머리가 없다는 생각도 버리고,
> '지금부터 제대로 하면 된다. 하나도 늦지 않았다'고 스스로
> 나 자신을 믿어야 바뀔 수 있어.

가장 먼저 지금 당장 수업 시간에 "왜?"를 따지기 시작하면 돼. 선생님이 설명할 때 왜 그렇게 되는지를 잘 듣고, 왜 그렇게 되는지를 혼자서 다시 생각해보고, 왜 그렇게 되는지 친구에게 혹은 엄마에게 설명을 해보자.

딱 반년 정도만 해보면 바뀔 테니 고3도 할 수 있는 일이지. 6개월 후 깜짝 놀랄 만큼 수학에 빠져있는 너를 발견할 수 있을 거야. 그리고 그 믿음과 노력에 대한 보상으로 30점은 거뜬히 향상되어 있는 네 성적표를 볼 수 있을 거야.

❺
노력 없이
기적을 바라고 있으니까!

1) 30킬로그램과 30점의 기적

나는 학생들에게 수학 공부는 다이어트와 비슷하다고 말하곤 해. 다이어트와 수학 공부가 닮은꼴인 이유는 한두 가지가 아니야. 둘 다 고통의 시간을 견뎌야 한다는 점, 미래의 행복을 위해서 현재 행복은 포기해야 한다는 점, 노력의 결과가 내일 당장은 나타나지 않는다는 점 등등 아마 찾으면 찾는 대로 계속 나올지도 모르겠어.

그중에서도 가장 수요 포인트, 다이어트는 미래의 행복을 위해서 오늘의 행복을 참는 과정이라는 거야. 날씬해지기 위해서 오늘 먹고 싶은 것을 안 먹고 하기 싫은 운동을 해야 해.

마찬가지로 수학도 지금 당장 내 주변의 유혹들과 싸워야 하지.

지금 당장 하고 싶은 것들을 모두 이겨내고 공부에 집중해야 목표를 이룰 수 있거든.

놀고, 자고, 스마트폰을 보고 싶은 유혹을 이겨낸 후 수학 문제와 씨름을 하는 그 과정은 다이어트와 정말 똑같아.

다이어트의 가장 어려운 점은 오늘 다이어트를 한다고 해서 내일 곧바로 그 효과가 나타나지는 않는다는 거야. 또 오늘 적게 먹어도 내일 몸무게가 거의 그대로라는 점이 괴로운 일이지. 하기야 오늘 한두 끼 굶거나 적게 먹고 운동 조금 했다고 해서 내일 4킬로그램이나 8킬로그램이 훌쩍 빠진다면 세상에 날씬하지 않은 사람이 어디 있겠어?

그런 일은 불가능에 가깝잖아. 수학도 그래. 오늘 문제를 많이 풀어보고 개념을 여느 때보다 열심히 공부했다고 해서 내일 당장 점수가 올라가는 것은 아니야. 어깨가 결리고 엉덩이가 아파와도 꾹 참고 연습해야 돼. 그 하루하루가 차곡차곡 쌓여 나중에 성과로 나타나는 것 또한 수학이지.

TV나 유튜브를 보면 다이어트로 30킬로그램을 감량했다는 믿기지 않은 이야기를 생각보다 자주 볼 수 있어. 매스컴에 등장해서 "예전에 입었던 옷이에요" 하면서 한 명쯤은 더 들어갈 수 있는 넓은 바지를 펼쳐보여. 한눈에 보이는 결과를 보면 누구라도 인정할 만해. 살쪘을 때의 사진과 현재 탄탄한 근육을 가진 날씬한 모습을 교차해서 비교하면 보는 사람들은 자연스럽게 기적이라고 감탄해.

수학에도 이런 기적이 존재해. 고3이 1년간 열심히 공부해서 수학 점수가 30점 향상된다면 기적이라고 할 만하지.

그런데 다이어트나 수학에서 보이는 이런 큰 폭의 변화는 기적은 아니야. 계획대로만 꾸준히 하면 누구나 100퍼센트 성공할 수 있는 일이니까. 단 한 명의 예외도 없이 자기가 세운 계획만 지키면 누구나 성공할 수 있는 것이 다이어트고, 누구나 성공하는 것이 수학 성적 올리기거든. 하지만 이상하게도 극소수만이 성공할 뿐이고 대부분의 사람들은 실패하거나 시도조차 하지 않아. 드라마틱한 결과에는 반드시 큰 고통이 수반된다는 것을 이미 알고 있기 때문이야.

어쩌면 사람들은 그렇게 커다란 고통을 이겨가며 계획대로 살아갈 자신은 없기 때문에 기적이라는 단어를 만들어낸 걸지도 모르겠어.

2) 수학 공부를 하면서도 기적이 일어난다

다이어트는 섭취한 열량과 소비한 열량 사이의 철저한 계산 관계에 따르고 있다고 할 수 있어. 그렇기 때문에 만약 누군가 30킬로그램을 뺐다면 우린 그것을 기적이라고 부르는 대신 노력이라고 불러야 할 거야. 그 사람의 변화는 30킬로그램만큼의 땀방울이 쌓여서 이룬 결과니까.

수학은 어떨까? 수학이라는 단어에도 기적보다는 노력이라는 말이 더 잘 어울려. 자신을 속이지 않고 제대로 된 방법으로 열심히 공부하면 반드시 성적이 오르거든.

반대로 요행으로 성적이 올라가는 일은 절대 생기지 않아. 물론 우리에겐 찍기라는 요행이 있긴 해. 사지선다 혹은 오지선다로 출제되므로 잘 모르는 문제를 찍어서 우연히 몇 점 올라갈 수는 있겠지만, 운은 진정한 실력이 아니므로 그 점수가 유지될 수는 없을 거야.

만일 열심히 공부하는데도 성적이 오르지 않는다면 공부 방법이 잘못되었거나 열심히 공부하는 '척'만 한 것일 수 있어.

하지만 수학이란 과목은 분명 내게 맞는 공부 방법으로, 아무도 의심할 수 없을 만큼 열심히 공부한다면 누구나 만점도 1등급도 할 수 있는 과목이 맞아.

학생들을 가르치다 보면 이런 사실을 증명해주는 많은 사례를 만날 수 있어. 점수가 오른 학생들 중에서도 특별히 많이 오른 학생들, 기적이라고 말할 만큼 성적이 오른 학생들의 모임인 위너스 클럽이 바로 그 대표적인 사례라고 할 수 있지.

내 강의를 수강한 학생 중, 전년도 수능 성적 혹은 수능을 치르는 해의 3월, 6월, 9월 평가원 모의고사보다 수능 성적이 대폭 향상된 학생들을 위너스 클럽으로 선발해. 이 학생들에겐 소정의 장학금을 지급하고 같이 식사도 하곤 하지. 위너스 클럽은 표면적으로는 성적이 많이 오른 학생들의 모임이지만 실은 스스로 내가 무엇을 해냈다는, 삶의 큰 자신감을 가지게 된 터닝 포인트를 서로 축하하고 가치를 부여하는 모임이야.

일명 꿈의 무대, 명예의 전당인 위너스 클럽에는 수학 성적이 6등급에서 1등급으로, 8등급에서 2등급으로 기적처럼 향상된 학생들이 매년 많이 배출돼. 몇몇 친구를 소개하면 우선 3월 모의고사에서 26점을 받고 5단계 복습을 지나 6, 7단계까지 복습한 끝에 96점이라는 점수를 받은 친구가 있어. 또 고2 때 모의고사 5등급을 받고 '나는 수학적 머리가 없나보다'라고 생각하며 포기하려고 했다가 나의 잔소리 영상을 본 다음, 속는 셈치고 한 번 해보자는 마음으로 기초부터 다시 시작해서 수능에서 만점을 받은 친구도 있지.

이런 친구들의 이야기를 듣고 눈치를 챘겠지만, 위너스 클럽은 장학금 선정 기준이 다른 곳과는 좀 달라. 원래 공부를 잘하는 학생들에게 주는 것이 아니라 5등급 이하였다가 1년 안에 만점이나 1등급 혹은 2등급을 받은 학생들을 대상으로 전년도 성적표를 정확하게 평가해서 순위를 매겨 장학금을 전달하고 있시.

그런데 사실 위너스 클럽에서 학생들과 만나 대화를 하다 보면 나도 그들에게서 배울 점이 참 많다는 걸 느껴. 5단계 복습하라는데

7단계, 8단계를 넘어 10단계 이상 하는 학생들이 많거든. 그런 이야기를 들을 때면, 소위 기적이라는 것을 만드는 아이들은 마음가짐부터 남들과 많이 다르다는 걸 실감해.

내가 생각했던 기본적인 선을 넘어버리는 친구들이 대부분인 거야. 나조차도 상상하지 못할 만큼의 노력을 기울이는 모습에 저절로 감탄이 나오지. 그런 학생들이 매년 몇 백 명씩 나온다는 것이 정말 대단한 일이라고 생각해.

만약 1년 동안 수학 점수 30점을 올린 것을 기적이라고 할 수 있다면 그들은 모두 기적을 증명한 친구들인 셈이야. 내가 위너스 클럽 이야기를 쭉 이어서 한 이유는 그 기적을 만드는 일은 누구나 다 가능한 일이라고 생각하기 때문이야. 수학 만점? 머리 좋은 친구들이 선행학습을 통해서, 그것도 집에서 확실한 서포트를 해주어야만 할 수 있는 일이 아니야. 공부하는 데는 그 누구의 서포트도 필요하지 않아.

> 우리 집은 가난해서, 나는 흙수저라서 공부를 못한다고?
> 아니, 학교 수업 혹은 무료로 수준 높은 강의가 제공되는 EBS만으로도 충분해.
> 너의 생각과 태도 그리고 공부 방법만 바뀐다면 수능 1등급, 만점, 그 어떤 것도 실현 가능하다고 자신 있게 말해주고 싶어.

이런 자신감의 원천은 경험에서 나온 것이니 의심도 소용없어. 이미 매년 위너스 클럽이라는 임상 실험으로 충분히 증명해보였으니까.

⑥ 맹목적인 선행학습을 하고 있으니까!

1) 지금 멈추지 않으면 나중에 후회하는 선행학습

해도 되는 선행학습과 해서는 안 되는 선행학습. 약이 되는 선행학습과 독이 되는 선행학습. 이렇게 선행학습에는 두 가지 모습이 있어. 지금 배우는 것을 완벽하게 소화—그 내용을 완벽하게 타인에게 설명할 수 있는 상태—하는 학생은 선행학습을 해도 좋아. 전혀 문제될 게 없지.

하지만 지금 배우는 것도 제대로 알지 못하는 학생이라면 얘기가 달라. 즉 공식이나 문제 풀이 방식만 유형별로 외우고 있는 학생들에게 선행학습은 그야말로 치명적인 독이야. 우리 사회가 하루 빨

86 무슨 말이 되 떡쇼해! 정승제 선생님이야!

리 청산해야 할 교육계 적폐 1호는 선행학습이야.

"저도 학교 다니면서 학원까지 다니는 것이 너무 힘들어요. 하지만 엄마가 학원에 다니라고 하고, 내신 등급 잘 맞아야 좋은 대학 갈수 있고, 친구들은 다 학원에 다니는데 어떻게 나만 안 다녀요. 만일 저만 안 다니면 수업 시간에 못 따라가요. 다른 애들은 미리 알고 오는데 어떻게 따라가요. 전부 동시에 학원에 다니지 않으면 모를까…"

아마 이 글을 읽고 있는 학생 중에는, 분명 속으로 저렇게 생각하고 있는 학생이 있을 거라고 생각해. 입시가 끝난 후 "맞아요, 그때는 정말 제가 욕심이었죠. 진도가 중요한 게 아니었어요" 라며 후회가 섞인 말을 하게 될 것도 알고 있어. 이렇게 나중에 후회하더라도 지금 당장은 선행학습을 멈추지 않을 가능성이 높지만, 그래도 이 글을 읽고 생각을 달리할 단 한 명의 학생을 위해서라도 꼭 하고 싶은 이야기가 있어.

친구들 중에서 일찌감치 결혼을 해서 아이를 학교에 보낸 친구들에게 가끔 전화가 올 때나 동창회 비슷한 모임을 가질 때 그리고 중·고등학생 자녀를 둔 친척들을 만나면 언제나 비슷한 질문을 듣지. 하루는 오랜만에 만난 친구가 아이 이야기를 꺼냈어.

"우리 애가 초등학생인데, 머리가 좋아. 그런데 수학은 고등학교 입학하기 전에 미적분까지 적어도 세 바퀴는 돌려야 한다더라? 고1 과정은 언제까지 끝내야 하는 거니?"

쭉 들어보니 큰애가 초등학교 6학년이고 학원에서 선행학습으로 중학교 3학년까지의 진도를 다 나갔다는 거였어. 학원에서 시험을 보면 거의 다 맞으니 얼른 고등학교 과정에 들어가고 싶었던 거야.

"이 자리에 데리고 와봐. 알고 푸는지 그냥 진도만 빼고 있는지 확인해줄게. 모든 과정을 알고 푼다면 참 다행스러운 일이겠지만 대부분의 학원은 진도를 빼는 데에 관심을 둬서 문제 풀이 방법을 반복해서 연습시키거든. 그래서 내용은 모르고 공식 몇 개와 풀이법만 외우고 넘어갈 가능성이 커. 그건 시간 낭비야. 안 하느니만 못해."

> "사실 현장에서 보면 선행학습의 유무와 실제 수능 점수는
> 상관관계가 없어. 몇 바퀴를 돌리느냐의 문제가 아니라
> 얼마나 완벽하게 알고 연습했느냐의 문제거든.
> 무작정 선행학습을 시키는 것보다는 현재 학교에서 배우는
> 부분을 얼마나 완벽히 알고 있는가를 체크해보는 게 나을 거야."

그랬더니 그 친구가 이렇게 말하더군.

"네가 고3 학생이랑 재수생들만 가르쳐서 현실을 몰라서 그래.

요즘 애들이 어떻게 공부하는데. 초등학교 고학년만 되도 중학교 1, 2학년 선행도 아니고 고등학교 1학년까지는 기본이야. 과고, 자사고, 특목고 갈 아이들은 중학교 저학년 때 미적분까지 다 끝내는 애들이 대부분이야. 너는 정말 현실감각이 없구나."

사실 더 이상 할 말이 없었어. 사회적인 분위기가 그런 것을 부정할 수 없었으니까. 남들 다 하는데 우리 집 애만 안 시키면 어떤 부모든 불안함을 느낄 수밖에 없을 거야. 그래도 분명한 것은 지금 하고 있는 선행학습이 고3 때 큰 도움은 안 된다는 사실이야.

선행학습이 도움이 안 된다는 건 학원도 이미 알고 있는 사실이지. 하지만 학원은 이 사실을 알려줄 의무가 없어. 선행학습을 하지 않는 것에 불안감에 휩싸인 부모들이 자녀들을 학원에 데리고 와야 학원이 존재할 수 있으니까.

하지만 그렇게 초등학교 때부터 선행학습을 꾸준하게 해온 학생들도, 고3이 되어 나를 만나면 인강을 통해 처음부터 다시 공부하지. 중학교 1, 2학년 때 이미 고등수학을 몇 바퀴 돌렸다는 친구들도 하나같이 지금 공부하는 게 너무 어렵다고 이야기해. 남들보다 먼저, 더 열심히 공부를 했는데도 어렵다는 건 뭔가 잘못되었다는 것이 아닐까?

그렇다면 어디서부터 바로잡아야 할까?

조금 전 그 친구의 이야기를 내 수업을 수강하는 학생들에게 들려주면 다들 공감해.

"맞아요, 우리 엄마 아빠도 그랬어요" 하면서 말이야. 고3 들어와서 3월 모의고사 치른 후에 6등급 7등급 맞은 학생들을 대상으로 "초등학생, 중학생 때 선행학습 안 한 사람 손들어봐"라고 하면 한 명도 손을 들지 않아. 모든 학생이 선행학습했다는 거지.

선행학습을 하든 안하든 고3이 되어도 아직 고1 과정조차 제대로 모르는 학생들이 대다수라는 것이 씁쓸한 현실이야. 아마 선행학습을 처음 시작하게 된 그 순간부터 잘못된 것인지도 모르겠어.

내 아이가 공부를 잘하길 바라는 마음에 일찌감치 학원을 보내고, 입시 정보를 모으는 부모들도 실은 현재 자신의 아이의 상황을 아예 모르는 경우가 많아. 내신 성적만 기억하고 있기 때문이야. 그래서 실상을 말해주면 깜짝 놀라면서 이렇게 말씀들 하곤 해.

"우리 애가 아직 고1 수학도 모른다고요? 그게 무슨 말씀이세요? 걔 고등학교 1학년 때 중간고사 기말고사 90점 밑으로 내려간 적 없어요!"

엄마의 기억 속 90점이라는 숫자는 선명할 테지만 이 학생이 고1 때 내신 90점이 가능했던 이유는 풀이과정을 거의 외우다시피 했기에 가능했던 것이지. 생각해서 푼 것이라기보다 외운 내용으로 버텨왔기 때문에 고3이 된 지금도 수학의 개념이 제대로 잡혀있지 않은 거야.

사고력이 아니라 기억력으로 문제를 풀면 나중에 더 힘들어질 수밖에 없어. 공식이 어떻게 나온 것인지, 왜 그렇게 접근해야 하는지 단 한 번도 고민해본 적이 없기 때문에 그에 대한 응용문제는 손도 댈 수 없게 되지.

수능 시험은 내신 시험과는 확연히 달라. 더욱이 대학을 결정짓는 소위 킬러문제(초고난도 문제)는 기억력으로 푸는 것이 아니라 철저히 사고력으로 푸는 거야. 때문에 수능을 보기 전, 그러니까 중1부터 고2 때까지 우리가 해야 할 일은 사고력을 만드는 생각의 재료들을 풍성하게 가꾸는 일이지. 이 중요한 일을 할 수 없도록 가로 막고 있는 것이 있어. 그 장애물은 이름하여 진도빼기 선행학습이야.

⚡ 수학은 정말 선행학습 없이도 충분히 성적을 올릴 수 있어.
불안해하지 말고, 우리 이제 제발 좀 멈추자!

2) 맹목적인 선행학습, 수학을 못하는 지름길

세상의 모든 선행학습이 나쁜 건 아니야. 문제가 되는 건 배우는 학생이 알고 있는지 모르고 있는지 파악하지도 않고, 그저 진도를 빼는 데만 집중하는 맹목적인 선행학습이지. 무조건적으로 하지 말라는 이야기는 아니야.

예를 들어 어려서부터 수학·과학에 천부적인 소질을 보여 가르치는 선생님조차도 놀라워할 만큼 수학에 재능을 가진 아이가 있다고 하자. 하지만 그런 부류는 아마 0.0001퍼센트? 한 사람이 갖고 있는 많은 재능 중에서 수학적 부분이 특별히 뛰어난 소수의 사람들에게만 해당되는 이야기지. 아직 발견되지 않은 다른 여러 방면에 재능을 가진 99.9999퍼센트의 학생들에게 수학이 어려운 건 당연해.

이 글을 쓰고 있는 나에게도 수학은 어려운 것이니 말 다했지.

사실 국가가 권장하는 연령별 수학 교육과정을 따라가는 것도 결코 쉬운 일이 아니야. 그런데 하물며 선행학습은 어떨까?

단언컨대 초등학생이 고등학교 과정을 제대로 몇 바퀴 돌리는 일은 절대로 불가능해.

물론 여기에도 예외는 있어. 수능 시험의 고득점과는 전혀 관련 없는 풀이과정 암기에 목적을 두거나 사고력 없이 기억력을 발휘하는 데 목적을 둔다면 가능하겠지. 근데 그런 게 무슨 의미가 있을까?

의미 없는 선행학습은 공부하는 자세에도 영향을 줘. 이미 선행학습으로 진도를 끝낸 학생들은 수업에 집중하지 않거든. 선행학습을 하지 않았다면 모르는 걸 알기 위해서라도 수업을 들었을 텐데,

조금 아는 것이 오히려 더 많이 알 기회를 놓쳐버리는 일이 된 거지.

그래서 난 EBS를 통해서 선행학습의 나쁜 점에 대해 꾸준히 열변을 토해내고 있어. 온라인뿐만 아니라 오프라인에서 학부모를 만나 선행학습의 실체를 말해주기도 해. 하지만 학부모들은 계속 자녀에게 선행학습을 시키지. 도대체 왜 그런 걸까?

대화를 해보면 부모님들도 선행학습을 딱히 좋아하는 것은 아니야.

"남들도 안 하면 나도 안 시키고 싶다"고 이야기하는 분도 있어. 선행학습의 부작용을 어느 정도는 알고도 있고. 내 주위에 친구들도 마찬가지야. 친구의 아이가 걱정돼서 진심으로 조언을 해도 선행학습을 멈출 생각을 하지 않아. 그러다가 나중에 아이가 고3이 되어 문제의 심각성을 느끼게 되면 다시 찾아오지.

도대체 왜 이런 일이 반복될까? 일단 학원에라도 보내야 마음이 편하기 때문일까? 만일 그렇다면 그건 책임회피가 아닐까?

나는 학생들을 가까이에서 지켜보는 입장이기 때문에 이 문제가 더욱 심각하게 느껴져. 아이들에게 일방적으로 암기식 수학 공부와 선행학습을 강제하는 것은, 범죄에 가깝다는 생각까지 들어.

아이들이 이로 인해 평생 재미를 붙여야 할 공부를 짜증나고 증오스러운 것으로 여기게 된다면, 잔란하게 빛나야 힐 10대의 기억이 점수에 대한 압박과 스트레스 그리고 좌절로 가득하다면, 그것이 과연 사랑이고 너를 위한 일이라고 말할 수 있을까?

많은 학생들이 쳇바퀴 구르듯 학교 ↔ 학원 ↔ 집을 오가는 생활을 해. 그리고 정말 거의 대부분의 시간을 공부하는 데 투자를 하지.

쉴 새 없이 매일 몇 시간씩 공부—그것도 별 *의미 없는 공부*—를 지속 반복하면 몸과 마음이 피폐해질 수밖에 없어. 그러니 평소에 나 자신을 살피는 것이 중요해.

몸과 마음에 휴식을 주지 않으면 정작 힘을 발휘해야 할 때 지쳐서 힘을 발휘할 수 없게 될 수도 있거든. 무엇보다 내가 지금 하고 있는 공부의 방향이 맞는지, 내게 맞는 공부인지 스스로 판단해야 해. 만약 내 안에서 '정말 이건 아닌데'라는 신호가 온다면, 하루하루가 너무 힘들기만 하고 학원 공부에 의미를 찾기 어렵다면 부모님과 진지하게 대화를 나눠봤으면 해. 어떤 생각으로 학원 수업을 듣는지, 그렇게 해서 정말로 공부가 되는지, 자신이 느끼는 그대로 진솔하게 말하길 바래.

만약 부모님이 진도, 선행학습, 공식암기, 빨리빨리라는 말을 자주 한다면 편지를 쓰자.

왜 선행학습이 비효율적인지, 그 과정에서 어떤 감정을 느끼고 얼마나 힘든지, 선행학습을 멈춘다면 그 시간을 어떻게 활용할 것인지를 논리적으로 써서 부모님께 제출하자. 네가 진지하면 분명 부모님도 같은 마음으로 생각하고 대응하실 거야.

다시 말하지만, 선행학습은 가장 먼저 청산되어야 할 적폐와 같

아. 이 문제를 해결하기 위해서는 그 무엇보다 먼저, 그 누구보다 먼저 네 자신이 문제를 느끼고 개선하려는 의지를 보여줘야 해. 어마어마한 사교육비를 들여가면서까지 맹목적으로 선행학습을 할 필요가 없다는 사실을 아는 것이 중요해.

3) 고3 때 중학과정을 공부하지 말고 중학교 다닐 때 제대로 공부하자

중학교 1학년 때 중1 수학 과정을 제대로 알고 넘어가면 얼마나 좋을까?

중학교 3학년 때 중3 과정을 확실하게 다 알면 얼마나 좋을까?

아마 학년마다 배워야 할 내용만 제대로 알아도 고등학생이 되어서 수포자의 길을 걷지 않을 거야. 수능시험 1등급, 더 나아가 만점을 받는 학생이 될 수 있지.

그런데도 엄마가 학원의 상담실장 말만 믿고 보낸 학원에 아무 생각 없이 다니면서 선행학습에만 몰두했기 때문에, 그렇게 몇 년을 시간 낭비를 해왔기 때문에 고등학교 3학년이 되어서 모의고사 문제를 풀려고 하면 풀 수가 없지.

생각의 재료가 없고 오로지 유형별 풀이법만 머릿속에 가득하기 때문에 어려운 문제를 스스로 풀어본 경험은 거의 없고 오로지 선생님이 풀어준 방법 그대로 여러 번 반복해서 풀어본 경험밖에 없기 때문에 그 생각의 재료를 얻기 위해 처음부터 다시 시작할 수밖에 없는 거야.

요즘 학생들 정말 생각하는 방법을 모르는 것 같아. 개념을 완벽하게 익혀 생각의 재료를 만들어야 고난도 문제를 접근해볼 수 있을 텐데 머릿속엔 온통 이럴 땐 어떻게 풀었다, 저럴땐 어떻게 풀었다는 문제 유형별 기억밖에 없으니 문제야. 그래서 처음 보는 신유형 문제가 나오면 어떻게 해야 할지 몰라 헤매지.

> 이제는 우리, 정말 중학교 1학년 때 제대로 된 중1 공부를 하고,
> 중학교 3학년 때 제대로 된 중3 공부를 하기로 하자.
> 그 좋은 중학교 시절 3년 동안을 선행학습만 하느라 제대로 된
> 공부를 해볼 기회를 놓치면 고등학교 3학년이 돼서 중학교
> 공부를 다시 해야 하는 상황이 진짜로 벌어지고 말게 돼.

대표적인 것이 기하 파트야. 고등학교 기하를 잘하기 위해서는 중학교 기하가 완벽히 되어 있어야 하는데 중학교 때는 고등학교 선행학습에나 몰두해왔으니 중학 기하에 대한 깊이 있는 지식이 매우

부족할 수밖에.

자연계로 진학할 학생들이 주로 공부하는 공간 도형도 중2, 중3 때 배우는 것으로부터 이야기가 시작되는데 중학교 지식이 부족하다보니 생각 자체가 어려울 수밖에 없는 거거든.

이런 경우 어쩔 수 없이 중학 기하를 다시 시작해야 하는데 정말 하기 싫지. 그러니 이제 우리 고3 때 후회할 일 더 이상 만들지 말기로 하자. 중학교 때 중학교 과정만 딱 완전히 끝내는 거야.

중학생 때 중학교 과정을 완벽하게 끝냈고, 고1 때 고1 과정을 완벽하게 끝냈고, 고2 때 고2 과정을 완벽하게 끝낸 학생. 과연 대한민국에 그런 학생이 몇이나 되겠어? 그러니 수능 1등급은 따놓은 거나 다름없지 않겠어? 수학 선생님으로서 상상만 해도 설레는 걸.

그렇게만 고3 수험생활이 얼마나 수월할까? 문제지를 풀면 풀수록 성적이 오를 텐데, 얼마나 재밌게 고3생활을 할 수 있겠어! 그렇지 않아?

안타까운 건 현실이지 뭐. 대부분이 중학생 때 중학교 과성을 우습게 여기고는 고등학교 과정만 겉핥기식 공부를 하고 있잖아. 괜스레 겉멋이 들어서 학교 수업 시간에는 이미 배운 내용을 다시 배운다며 시시해하고, 과외 선생님이 내준 숙제를 하잖아.

만약에 네가 그런 학생이라면 이제 딱 그만두고, 믿추길 비례. 지금부터라도 교실에서 열심히 가르쳐주시는 학교 수학 선생님 가르침에 귀를 기울여야 해.

아무리 선행학습을 열심히 해도 입시를 좌우하는 킬러문제, 수능에서 가장 어려운 21번, 30번은 절대 풀지 못할 걸! 정석 필수예제 1번, 필수예제 2번처럼 틀에 박힌 문제는 잘 풀겠지. 하지만 본질을 묻는 21번이나 30번은 어림도 없을 거야. 정말이지 맹목적인 선행학습 열풍은 대치동이니 8학군이니 강남 집값만 올려놓지 않았나 싶어.

물론 다른 아이들이 전부 저만큼 앞서 달려가고 있는 것처럼 보이는데 나만 선행학습을 멈추고, 제대로된 공부를 위해 다시 처음으로 돌아가는 것이 얼마나 큰 용기를 요구하는지 잘 알아. 지금 당장 남들이 달려가는 방향으로 따라가지 않으면 손해 볼 것 같은 심정. 누구보다도 이해해.

하지만 11월 수학능력시험 만점이 목표라면, 내가 권하는 방법대로 한번 해보자. 나는 수능 수학 만점에 대해 이야기하고 학생들이 그런 결과 값을 도출할 수 있도록 돕는 직업을 가진 사람이잖아. 이런 사람의 말을 믿지 못하면 누구의 말을 믿겠니?

열 번? 아니 백 번 찍어 안 풀리는 수학 문제는 없다

수학 가형 6등급-> 2015 수능 96점

저는 수포자입니다. 그런데 사실은… 고등학교 내내 누구보다 수학을 잘하고 싶은 마음이었어요. 공부를 놓은 적도 없었고요. 한다고 하는데 점수가 니오지 않으니까 창피해서 수포자라고 말하고 다녔죠.

점수를 올리고 싶어서 복습과 예습도 꼼꼼히 하고, 잘 가르친다고 소문난 선생님의 인강도 빼놓지 않고 들었지만 점수는 오르지 않았어요. 공부를 열심히 안 한 것도 아닌데, 도대체 어디서부터 손을 대야 할지 모르겠다는 생각에 좌절하던 그때, 정승제 선생님의 강의를 만났습니다.

그제야 제가 해오던 공부 방법이 틀렸다는 것을 알게 되었어요. 내가 수학을 못할 수밖에 없었던 네 가지 이유를 알게 되었죠. ① 강의는 완강해도 복습은 하지 않았다. ② 선생님의 풀이만, 해설지의 풀이만 암기했다. ③ 문제를 많이 풀지 않았다. ④ 이 모든 문제를 단번에 해결하려 했다.

그렇게 잘못된 점을 정확히 알고 나니 속이 후련했어요. 그리고 다시 0부터 시작한다는 마음으로 공부했습니다. 가장 힘든 건 문제와 1:1로 대면하는 습관을 기르는 일이었어요.

선생님이 풀어줄 때는 고개를 끄덕이며 넘어갔던 부분들도 혼자 다시 풀어보면 막막했어요. 그때 처음으로 생각을 하며 문제를 풀게 된 것 같습니다. '왜 이 과정에서 미분을 해야 하지?' '문제에 분명히 힌트가 있을 텐데 어느 부분을 못 찾는 거지?'처럼 의문을 갖고 문제를 보기 시작했죠.

그리고 예전엔 문제가 안 풀리면 별 고민 없이 바로 문제 풀이 강의를 들었었어요. 하지만 이번엔 '끝까지 고민하라'는 정승제 선생님의 말을 떠올리며 절대 보지 않았습니다. 시간이 걸리더라도 문제를 물고 늘어지면서 풀었어요. 그렇게 매일매일 문제와 씨름하다 보니 정말 근육이 생긴 것처럼 조금씩 풀리기 시작했어요. 그러면서 계속 실수하는 문제 유형은 따로 표시해두고 그냥 계속, 횟수 제한 없이 반복해서 푸는 방식으로 실수를 제거해나갔어요.

이전에는 인강을 들을 때 그런 느낌이었어요. 다 듣고 컴퓨터를 끄는 순간 강의 내용이 머릿속에서 증발해버리는 것 같은 느낌이요. 하지만 정승제 선생님의 강의를 통해 5단계 복습을 하다 보니 배운 내용을 내 것으로 만드는 게 이런 거구나 확실히 알게 되었어요. 포기하지 않고 끝까지 밀고 나가는 힘, 정승제 선생님에게 배운 가장 큰 가르침이 아닐까 싶습니다.

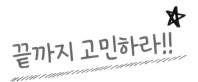

끝까지 고민하라!!

2장

마인드를 바꾸면
점수가
달라진다

보통 누군가를 좋아하게 되면 그 사람과 관계된 것은 무엇이든 궁금한 마음이 생길 거야. 그 사람이 어떤 생각을 하는지, 무엇을 좋아하는지, 일부러 생각하려고 하지 않아도 종일 그 사람 생각이 머리에서 떠나지 않지.

사람이 아닌 무엇인가를 좋아할 때도 마찬가지야. 힙합이 좋다면 누가 시키지 않아도 힙합의 역사, 유명한 래퍼가 누군지, A부터 Z까지 알고 싶은 마음이 샘솟을 거야. 직접 가사를 쓰거나 래핑을 할 수도 있겠지.

수학도 그래. 수학에 대해 잘 알고 수학을 잘하고 싶다면 먼저 수학에 매력을 느끼고 수학을 좋아해야 해.

앞에도 얘기했지만 나에게는 수학이 그래. 그 어느 것보다 재미있고 흥미롭지. 만약 네가 나처럼 수학을 좋아하고 수학 문제를 즐겨 풀게 된다면, 좋은 성적은 자연스럽게 따라올 거야.

그러니 수학이 싫은 친구들이라면 이 책의 2장에 주목하길 바래. 수학이 그저 피하고만 싶은 과목이라면 어떤 방식으로든 수학에 흥미를 가질 만한 부분을 먼저 찾아보는 거야. 2장의 내용을 따라가다 보면 수학과 조금 더 친해질 수 있는 계기를 발견하게 될 거야.

물론 다른 과목 점수가 괜찮게 나오니까, 수학쯤은 포기하고 가도 된다고 생각하는 친구도 있다는 걸 알아. 살면서 수학이 얼마나 필요하겠냐는 생각을 하는 친구도 있겠지. 그래 맞아. 실제로 수학을 몰라도 사는 데 지장은 없어.

하지만 수학을 잘 아는 사람만이 갖는 차이가 분명히 존재해. 수학을 알게 되면 세상의 이치를 생각하게 되거든. 별거 아닌 것 같아도 세상의 이치를 이해하는 삶과 모르는 삶은 꽤 차이가 있어. 삶에 대한 태도가 겸손해지고, 훨씬 더 풍부해지는 것은 물론, 인생에서 중요한 선택적 판단력두 조금 더 확장되거든.

수학이 공식으로 이루어져 있다고 생각하는 친구들에게 이런 말을 해주고 싶어. "어떻게 수학이 공식이니? 수학은 이 세상이 돌아가는 이치야."

1) 스마트폰 속의 수학

아마 너는 몰랐겠지만, 우리는 일상생활에서 매일매일 수학을 하고 있어. 무슨 말이냐고? 수학이라고 전혀 생각하지 못한 많은 것들이 수학과 연관되어 있다는 거야. 예를 들어볼까?

예쁜 꽃이나 동물, 멋진 풍경을 보면 사람들은 스마트폰을 꺼내들어. 맛집에서도 음식을 먹기 전에 사진부터 찍어서 SNS에 올리지. 스마트폰과 함께 하는 우리의 일상은 이제 너무나 자연스러워. 이 자연스러운 일상 속 어디에 수학이 있을까? 바로 카메라 앱이야. 저장해둔 사진을 확인하거나 사진을 찍는 것에서 함수의 원리를 찾아볼 수 있어.

어떻게 카메라와 함수가 연관성이 있다는 걸까? 그리고 함수는 뭘까? 우선 함수(函數: function)를 처음 배울 때 흔히 등장하는 아래의 상자 모형을 보자.

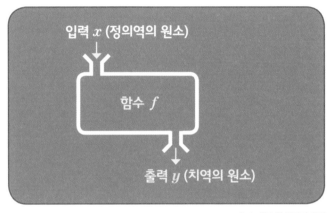

2-1. 함수의 입력과 출력

함수는 일종의 기계라고 생각하면 돼. x라고 입력하면 y가 출력되는 기계가 바로 함수야. 수학 용어를 입혀서 조금 더 구체적으로 말해 볼게.

입력하는 값들의 집합을 정의역, 출력되는 값들의 집합을 치역이라고 해. 말하자면 입력된 것과 출력된 것을 연결하는 역할을 하는 게 함수야. 다만, x(입력), y(출력)의 대응 관계를 모두 함수라고 부를 수 있는 건 아니야. 대응 관계 중에서 특별한 두 가지 자격 조건을 갖춰야만 함수라 부를 수 있지.

첫째,
모든 입력하는 것들은 출력하는 것들과 대응이 되어야 한다.
둘째,
입력하는 것들은 단 하나의 출력하는 것과 대응되어야 한다.

함수를 설명할 때 흔히 하는 비유 중에서 화살 쏘기가 있어. 함수는 x의 모든 원소가 화살을 한 발씩만 쏴서 y값에 대응해야 해. 중학교 때 처음 함수를 배우면서 학생들이 무심코 외우는 함수의 성립조건, '정의역에 있는 모든 원소들이 오직 하나의 원소와 대응되어야 한다'는 말이 바로 이것이지.

사실 조금 과장하면, 지구의 모든 기계에 함수가 녹아있다고 할 수 있어. 두 가지 조건을 만족시켜야 하는 함수를 설명할 때는 주변에 있는 모든 기계를 떠올려도 될 정도야.

TV 리모콘, 컴퓨터의 키보드 자판, 자동판매기 같은 대부분의 기계에는 버튼이 있어. 그 버튼 하나하나가 x값이고, 그 버튼을 눌렀을 때 기대되는 결과물이 y값이야. 예를 들어 키보드 자판을 보면 q라는 버튼을 누르면 화면에 q라는 글자가 찍힐 기야. 이때 q라는 키보드 자판이 x값이고, q라는 글자가 찍힌다는 결과물이 y값이라고 할 수 있어. 즉 모든 자판이 x값이 되고 그에 따른 결과물이 y가 되는 거야.

만약 키보드 자판을 눌렀는데도 아무것도 찍히지 않는다면 그 자판은 고장 난 거라고 봐도 될 거야. 버튼 하나하나가 모두 작동을 해야 정상적인 기계라고 할 수 있으니까. 이것이 바로 함수의 첫 번째 자격 조건이야. 모든 x값(버튼)은 y값(결과물)으로 대응되어야 한다는 것이 바로 함수의 첫 번째 자격 조건이지.

두 번째 자격 조건은 각각의 버튼은 하나의 결과물과 대응해야 한다는 거야. q라는 버튼을 눌렀는데 어떨 때는 q라는 글자가 찍히고 또 어떨 때에는 w라는 글자가 찍힌다면 그 자판 역시 고장이 났다고 보는 거지. 즉 버튼은 단 하나의 결과물에 대응되어야 한다는 것이 두 번째 자격 조건이야.

만약 자동차 브레이크를 밟았는데 한 번은 멈추고, 또 한 번은 속력이 올라간다면 어떨까? 생각만 해도 무섭겠지? 하나의 버튼은 단 하나의 결과물에 대응해야 한다는 의미는 바로 이런 거야.

음료수 자동판매기도 마찬가지야. 뜨거운 여름날 길을 걷는데 편의점은 보이지 않고 목은 엄청 말라, 그때 마침 자동판매기를 발견했다면 아마 사막에서 오아시스를 찾은 것 같을 거야. 메뉴에 콜라, 사이다, 물, 우유, 포도주스, 식혜, 사이다가 있다고 하자. 이때 모든 버튼은 x값이 되고 버튼을 눌렀을 때 나오는 음료수는 y값이 되는 거야. 모든 버튼은 음료수에 대응되어야 하지.

하지만 우린 종종 재수 없는 상황을 맞이하기도 해. 돈을 넣고 버튼을 눌렀는데도 음료수가 나오지 않는다면? 보통은 반환 레버를 돌리다가 안 되면 발이나 주먹을 사용할 거야. 돈을 먹은 게 화가 나기도 하지만 고장 난 기계를 때리면 말을 들을 거라는 이상한 기대 심리가 있기도 하니까.

한편 이번엔 콜라 버튼을 눌렀는데 환타가 나왔다면 어떨까? 환타를 눌렀는데 식혜가 나오면 또 화가 막 치솟겠지. 이 경우에도 자판기가 고장 났다고 말할 수 있을 거야. 지금까지 살펴본 예시들은 모두 '모든 버튼은 하나의 결과 값에 대응되어야 한다'는 함수의 성립조건이야.

> ⚡ 결국 함수의 성립 조건은 지구상에 존재하는 모든 기계가
> 갖춰야할 기본적인 조건인 것이지. 컴퓨터, 세탁기, 자동차의
> 모든 버튼은 하나의 액션에 단 한 가지만 대응해야 해.

이렇듯 기계와 더불어 사는 우리의 세상은 함수의 원리 덕분에 더 편리하고 아름답게 유지될 수 있는 건 거야. 하지만 정작 학생들은 함수를 배울 때 함수의 성립조건을 영단어 외우듯 달달 외워. 매일 가지고 다니고, 심지어 잘 때도 손에 꼭 쥐고 자는 스마트폰에 바

로 그 함수가 들어있는데 아주 어렵게 이해하고 있는 거야.

'모든 원소가 화살을 한 발씩 쏠 수 있다. 그리고 그 화살은 반드시 공역의 한 원소에 맞아야 한다.'

시험에서 이런 함수 문제를 만나면 엄청 고민을 하면서 문제를 풀지. 하지만 일상 속에서 함수가 어떻게 쓰이는지를 안다면 왜 정의역에 있는 x가 두 발의 화살을 쏘면 안 되는지 금방 이해가 될 거야.

한번 상상해 봐. 스마트폰의 카메라 버튼을 눌렀는데 담임 선생님에게 전화가 가고, 리모컨으로 11번을 눌렀는데 유료 영화가 덜컥 결제가 되어버린다면? 아마 누구라도 AS센터에 전화해서 고치려고 들 거야.

2) 아이스 버킷 챌린지의 끝은 어디일까?

몇 년 전, 전 세계적인 주목을 끈 기부 행사가 하나 있었어. 바로 아이스 버킷 챌린지. 아이스 버킷 챌린지는 근육이 서서히 위축되는 루게릭병 환자들에 대한 관심을 불러일으키고 기부를 활성화시키기 위해 2014년 여름, 미국에서 시작되었어.

기본적으로 한 사람이 세 사람을 지목하는 방식인데 지목된 사람은 반드시 얼음물을 뒤집어쓰거나 100달러를 기부해야 해. 2014년 당시 많은 가수와 연예인들이 참여했고 일반인들까지 가세하면서 미국을 넘어 아시아와 유럽 등에도 아이스 버킷 챌린지 열풍이 불었어.

우리나라에서는 2018년 5월 말, 기부천사로 불리는 가수 션이 2018년 아이스 버킷 챌린지를 다시 시작했어. 우리나라에도 많은 루게릭 환자들이 있었고, 아이스 버킷 챌린지는 그들을 위한 요양 병원을 세우려는 노력의 일환이었지. 전 농구선수 박승일 씨와 션은 그 요양 병원이 건립될 부지에서 얼음물을 뒤집어썼어. 션이 제일 먼저 지목한 사람은 수영, 다니엘 헤니, 박보검이었어. 박보검은 아이스 버킷 챌린지 후에 여진구, 곽동연, 이준혁을 지목했고, 수영은 권혁수, 동현배, 서현을 각각 지목했어. 그렇게 점차 전국으로 퍼져간 거야. 아이스 버킷 챌린지는 한 사람이 세 명씩을 지목하기 때문에, 일단 시작되면 들불처럼 번지는 특성을 가지고 있었어.

때미침 나도 아는 지인으로부터 지목을 낭했어. 난 분득 얼음물을 뒤집어쓰거나 기부를 하는 것 말고 나만이 할 수 있는 의미 있는 일이 있지 않을까?라는 생각을 했어. 그래서 얼음물 퍼포먼스 대신 병원 건립 후원금을 내고 유튜브와 인스타그램에서 학생들에게 아이스 버킷 챌린지에 숨어있는 수학적인 의미를 설명해 주기로 했어.

그 특별 강의의 주제는 '아이스 버킷 챌린지는 언제 끝날까? 아이스 버킷 챌린지로 대한민국을 덮으려면 얼마나 걸리겠는가?'였어. 아래의 해설을 보면 그 정답을 알 수 있어.

일단 아이스 버킷 챌린지는 시작과 동시에 한 사람이 3명씩 지목하므로 n일 후에는 3^n명이 돼. 따라서 등비수열의 합으로 계산해보면, 우리나라 인구가 5천만 명이라고 가정했을 때 아이스 버킷 챌린지에 모든 국민이 동참하기 위해서는 $\frac{3(3^n-1)}{3-1} \geq 5000$ 만을 만족하는 수를 구해주면 되지. 그런데 $\log 3 = 0.4771$이므로 이어서 계산을 하면 $n \geq 15.\times\times\times$ 가 나올 거야.

2-2. 정승제 선생님의 아이스 버킷 챌린지 특별 강의

그렇게 계산을 해보면, 시작한 날로부터 16일만 지나면 우리나라 전 국민이 아이스 버킷 챌린지에 참여할 수 있다는 결론이 나와. 다만 이런 결론이 나오려면 다음과 같은 전제 조건이 만족되어야

하지.

일단, 지목받은 사람이 반드시 아이스 버킷 챌린지에 동참하되 중복으로 지목받지 않아야 하고, 그 사람이 다시 다른 3명을 지목해야 한다는 조건이 충족돼야 하지.

우리의 계산이 정확히 맞으려면, 예컨대 다른 사람을 지목할 때 이미 했던 사람을 중복 지목을 하면 '위 사람은 이미 아이스 버킷 챌린지에 참여하였습니다' 라고 알려주는 시스템이 있어야 하는 거지.

여기서 재미있는 것은 16일이 지나면 우리나라 전 국민이 동참하게 되고, 그로부터 딱 5일이 더 지나면 위 아 더 월드가 된다는 사실이야. 즉, 챌린지 시작 첫날로부터 21일이 지나면 전 세계인이 모두 동참하게 된다는 거야. 앞에서 계산했듯 세 사람씩 지목을 하게 되는 시스템은 3명, 3×3명, $3 \times 3 \times 3$명 식으로 3의 거듭제곱으로 확대되기 때문이지.

하지만 지목된 사람이 두 가지 행동 중 하나를 반드시 수행하고, 수행한 사람은 하루 안에 다시 세 명을 지목하는 일은 결코 우리의 계산대로 흘러가지만은 않아. 션이 2018년 5월에 이 챌린지를 다시 시작했을 때만 봐도 그래. 16일이 훨씬 지났음에도 불구하고 일반인들에게까지 확산되면서 상당기간 이어졌거든. 연예계에서 시작된 아이스 버킷 챌린지가 정계아 공무원들에게도 확산되너니, 2018년 7월 25일에는 10대 학생들 중 80%가 아이스 버킷 챌린지에 동참하고 싶어한다는 뉴스가 나오기도 했어. 난 그날 아침 그 뉴스를 보고 참 기분이 좋았어. 선한 영향력이 기하급수적으로 확대되어 가는 것은 수학 외적으로 생각하더라도 분명 즐거운 일이거든.

길을 걷다가 우연히 아는 사람을 만나거나, 나와 친분이 있는 사람이 뜻밖에도 또 다른 내 친구와도 잘 아는 사이라는 얘기를 들었을 때 우리는 '세상 참 좁다!'고 말해. 그런데 이런 현상도 아이스 버킷 챌린지와 같은 원리로 설명이 가능해. 곱셈, 즉 기하급수와 관련된 이야기이기 때문에 수학적으로 증명이 가능하지. 서너 다리만 건너면 다 아는 사람이라거나, 6단계만 거치면 오바마 대통령과도 연락을 할 수 있다는 이야기는 바로 이런 논리에서 나왔다고 할 수 있지.

요즘 사람들은 누구나 휴대폰 주소록 혹은 카카오톡 친구목록에 최소한 100명은 있는 것 같아. 그 100명이 각자 또 다른 100명의 지인들을 보유하고 있다고 가정했을 때, 한 다리만 거치면 만 명이 돼. 물론 그 10,000명이 또 100명의 친구를 보유하고 있다면 다음은 100만 명으로 확장이 가능할 거야. 그렇다면 그 다음은 어떨까? 빤하지. [100×100×100×100]으로 계산하면 억 단위가 될 거고, 두 단계를 더 거치면 전 세계 인구보다도 많아질 거야.

🔖 사실 페이스 북의 막대한 영향력도 기하급수와 관련이 있어.
....
두 단계만 거쳐도 100만 명이 되니까. 3단계를 거치면 1억 명이
....

되고 4단계를 거치면 100억 명이 돼. 따라서 네 단계 안에

전 지구인들은 물론 외계인까지 다 포함할 수 있게 되는 거지.

물론 아는 사람이 중복될 수도 있지만 단순 계산상으로 보면 그래. 아이스 버킷 챌린지로 시작된 이 이야기의 끝은 기하급수지만, 진짜 하고 싶었던 이야기는 가치 있는 일에 대한 거였어.

좋은 영향력을 널리 퍼트리면 그 가치는 더해진다고 생각해. 그리고 그 가치를 더하는 일은 우리도 할 수 있어. 바로 옆에 있는 친구에게라도 좋은 영향력을 퍼뜨려보자. 세상은 참 좁으니까 말이야!

3) 은행에서 복리상품에 제한을 두는 이유
─ 기하급수의 무서움

아이스 버킷 챌린지의 예는 기하급수의 무서움을 보여주는 대표적인 사례라고 할 수 있어. 비슷한 예로 우리가 살펴볼 것은 복리와 지수함수의 무서움이야.

무엇이든 복리, 기하급수, 지수함수로 증가하기 시작하면 처음에는 서서히 증가하는 것처럼 보이지만 어느 순간 증가폭이 엄청나

게 커지지.

그 엄청난 증가폭을 느낄 수 있는 대표적인 예로 은행의 예금, 적금을 들 수 있어. 요즘은 책이나 온라인을 통해서 미리 재테크에 대해 관심을 보이는 학생도 있으니 아는 사람은 이미 알고 있는 개념일 거야. 하지만 모르는 친구들이 더 많을 거라고 가정하고 이야기해 볼게. 나중에라도 재테크에 관심이 생긴다면 쓸모 있을 이야기니 미리 알아둬도 좋을 거야. 우선 예금과 적금이 무엇인지부터 알아볼까?

일단 예·적금은 돈을 맡기는 방식을 가리켜. 예금은 가지고 있는 돈을 일정 기간 동안 은행에 넣어놓는 거야. 정해진 날짜가 되면 원금과 처음에 약속했던 이자를 함께 받을 수 있지.

적금은 일정 기간 동안 정해진 금액을 월 1회씩 은행에 입금하는 거야. 금액과 시기에 관계없이 돈을 자유롭게 넣고 뺄 수 있어. 마찬가지로 정해진 날짜가 되면 원금과 이자를 함께 받을 수 있지.

단리와 복리는 이자를 지급하는 방식을 가리켜. 단리는 원금에만 이자가 붙지만, 복리엔 원금과 이자를 더한 금액에 이자가 붙는 방식이야.

만약 은행 창구에서 직원에게 복리를 제공하는 상품에 대해 물으면 '3천만 원까지만 가능합니다' 혹은 '최장 3년까지 가능합니다'라는 식의 대답이 돌아올 거야. 이처럼 왜 은행에서는 복리 상품의 상한선이나 기간을 제한하는 걸까?

그 이유는 간단해. 고객에게 장기간 복리를 제공하면 나중에 지급해야 할 금액이 기하급수적으로 올라가니까, 은행 운영 자체가 어렵게 될 거야. 다음의 지수함수의 그래프를 살펴보면 좀 더 이해가 쉬울 거야.

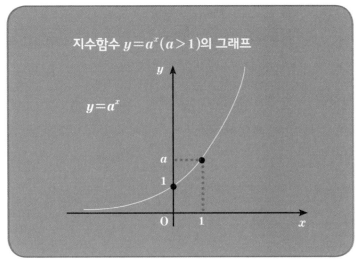

2-3. 지수함수의 그래프

그래프를 보면, 처음에는 변화 폭이 크지 않지만 점차 기울기가 커지면서 나중에는 y값이 급속도로 증가하는 것을 알 수 있어. 단리는 일정한 수가 차례로 더해지는 등차수열이지만, 복리는 지수가 계속 올라가기 때문에 일정한 수가 계속 곱해지는 등비수열이야.

어떤 수치가 급속도로 증가하는 걸 '기하급수적으로 증가한다'고 말하는 걸 들어봤을 거야. 이때 기하급수를 고등수학의 용어로 바꾸면 등비급수라고 부를 수 있어. 등비수열의 합인 거지.

은행에서 말하는 단리와 복리를 살펴보면 수학과 밀접한 관련이 있다는 걸 알 수 있지. 만약 위에 있는 지수함수 그래프가 돈과 관련된 그래프라고 생각해보면 조금 무서워질 거야. 내가 복리만큼 돈을 받을 수 있다면 즐겁겠지만, 만약 빚이 복리로 늘어난다면 어떨까? 아마 따로 말하지 않아도, 은행에서 일하는 사람들이나 복리를 직접 경험한 사람이라면 누구나 기하급수로 늘어나는 수의 무서움을 잘 알고 있을 거야.

이렇게 우리는 예상치도 못했던 곳에서 수학을 만나게 돼. 스마트폰에서부터 아이스 버킷 챌린지, 은행에 이르기까지, 거의 모든 삶의 논리 · 판단과정에 수학이 깃들어 있다고 할 수 있지.

> 넓게 보면 대화하는 것, 행동하는 것, 기계의 움직임까지도
> 모든 게 수학적인 판단에 의해서 이루어진다고 볼 수 있으니
> 어떻게 보면 수학은 수를 다루는 학문이라기보다 삶 전체를
> 아우르는 어떤 프레임이라고 할 수 있을 거 같아.

이렇게 많은 세상의 논리와 체계가 수학과 연관돼 있다는 걸 알

면 수학은 저절로 재미있어질거야. 하지만 이런 수학의 본모습을 제대로 알지 못하는 학생들에게 여전히 수학은 복잡한 공식을 외워서 짧은 시간 안에 문제의 답을 얻어내는 과목일 뿐이겠지.

하지만 진짜 수학은 '왜 그런 공식이 만들어졌을까?'라는 생각을 먼저 하게 되는 학문이야. 그래서 수학과 철학은 예전부터 뗄 수 없는 사이였어. 역사적으로 유명한 수학자들은 곧 철학자이기도 했어. "나는 생각한다. 고로 존재한다" 라는 말로 유명한 데카르트 역시 철학자와 과학자인 동시에 저명한 수학자거든. 그는 천장에 달라붙은 파리를 보면서도 수학의 개념을 만들어내기도 했지. 파리가 붙은 위치를 수학적으로 어떻게 나타낼까 고민을 하다가 나온 게 좌표의 개념이거든.

한편, 수학에 관심이 없거나 수학을 포기한 사람 중에는, 우리에게 필요한 것들은 모두 기계나 컴퓨터, 로봇이 해줄 수 있기 때문에 공부할 필요가 없다고 이야기하는 사람이 있어.

난 이 말에 철저히 반대해. 문명이 발달할수록 수학은 반드시 알아야 할 상식이거든. 수험생뿐만 아니라 더 많은 사람이 반드시 알아야 하는 필수학문이라고 생각해.

다가올 미래에 각광받을 새 직업으로 빅데이터 전문가가 있어. 이들은 그저 자료를 수집하고 분석하는 일만 하는 걸까? 아니 수학을 모르고 빅데이터 전문가가 될 수는 없어.

인공지능은 어떨까? 인공지능은 이미 상당 수준 발달했고 앞으로 더 발달할 거야. 이미 우리는 그 혜택을 누리고 있어. 로봇 청소기가 스스로 집안 구석구석을 청소하고, 에어컨이 바깥 날씨에 맞춰 집안의 습도를 조절해주고, 길 안내를 받고 싶을 땐 말 한마디면 되니 얼마나 편리한지 몰라. 이 모든 것들이 과연 수학 없이 만들어질 수 있었을까?

대학에 입학만 하면 '수학과는 아주 빠이빠이다!'를 외치는 사람들이 있다면 스스로에게 이런 질문을 한 번 해 보았으면 해. 과연 수학을 모르는 나와 수학을 잘 아는 나의 삶은 어떤 차이가 있을까?하고 말이야. 가까이는 입시부터 멀리는 취업과 경제적 자립까지, 수학을 아는 삶이 훨씬 더 풍요롭지 않을까?

세계 최고의 기업들은 이미 수학 전공자들을 수십에서 수백 명씩 채용하고 있어. 그리고 앞으로는 더 많이 채용할 계획이라고 발표하기도 해. 다양한 사회 현상이 우리에게 말해주고 있는 사실은 결국 하나야.

⚡ 수학을 포기하는 것은 우리 앞에 놓인 다양한 미래 중 일부를
┈┈┈┈┈┈┈┈┈┈┈┈┈┈┈┈┈┈┈┈┈┈┈┈┈┈┈┈┈┈┈┈
   포기하는 것과 같다는 것.
┈┈┈┈┈┈┈┈┈┈┈┈┈┈┈┈┈┈┈┈┈┈┈┈┈┈┈┈┈┈┈┈
   우리의 삶은 수학과 이렇게나 가까이에 있어.
┈┈┈┈┈┈┈┈┈┈┈┈┈┈┈┈┈┈┈┈┈┈┈┈┈┈┈┈┈┈┈┈

어때? 이제 수학의 중요성이 눈에 조금 더 들어오지 않니?

4) 고개를 돌릴 때마다 마주치는 수학

고개를 조금만 돌려도 건물이 보여. 학교든 학원이든 이렇듯 내 주위를 둘러싼 모든 건물엔 수학이 숨어있어. 처음 땅을 매입하는 단계에서부터 건물 설계를 하고, 건물에 각 자재들이 얼마나 필요한지, 공사기간은 언제부터 언제까지 걸리는지, 건물이 어느 정도의 바람세기와 무게를 감당해야 할지, 지진을 어느 수준까지 대비해야 할지, 각 층의 높이와 엘리베이터 설치까지 이 모든 과정에는 수학적 계산이 반드시 필요해.

우리가 평소 인식하지 못하는 발밑에도 수학의 원리가 있어. 도로나 다리 같은 것들 말이야. 특히 도로를 선설할 때는 굉장히 복잡한 계산이 필요하다고 해.

알다시피 도로는 차와 사람뿐 아니라 날씨와 온도 등 여러 요소를 고려해야 하거든. 여름에 뉴스를 보면 집중호우로 광화문 교차로가 물에 잠겼다는 뉴스를 볼 수 있어. 도로는 많은 사람들이 이용하는 만큼 큰 피해를 줄 수 있기 때문에 도로의 턱이나 배수관이 빗물의 양을 얼마나 수용할 수 있는가 하는 세세한 부분까지도 철저한 계산을 통해 만들어져.

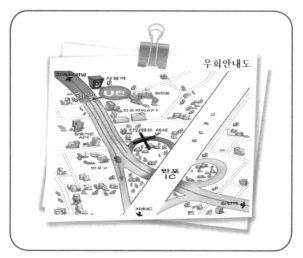

2-4. 도로 진입램프

위의 그림은 교통 방송에 자주 등장하는 그림이야. 아직 운전을 해보지 않아 잘 모를 수도 있지만 조수석에 타고 가다 보면 내비게 이션이 흔히 비추는 그림이기도 하지. 좀 더 자세히 볼까?

보통 고속도로로 진입하거나 고속도로에서 빠져나오는 램프는 포물선을 응용해. 원심력을 이겨내는 데에 포물선이 유리하기 때문 이지. 알다시피 자동차의 속도는 무척 빠르기 때문에 아무렇게나 곡 선을 만들었다가는 큰 사고가 날 수도 있어. 따라서 차량 기본 속도 와 원심력을 바탕으로 한 고도의 수학적 계산이 필요한 거야.

여기, 우리 눈에 굉장히 익숙한 것이 발견이 되지? 포물선 말이야. 포물선은 우리가 중학교 때 배웠던 내용이기도 해. 이렇듯 우리가 지금 배우고 있는 수학은 실생활과 아주 큰 연관성이 있지.

도로에 세워져 있는 전봇대 하나하나, 과속차량을 단속하는 카메라의 각도, 교량의 높이, 차량의 속도를 계산해서 앞차와 일정한 거리를 유지하게 하는 것, 제한 속도를 정하는 것, 도로 차선 간격 등 심지어 길에서 매일 볼 수 있는 빨간 소화전에도 수학이 숨어있어.

2-5. 소화전

평소엔 길에 홀로 덩그러니 서 있지만 소화전은 사실 위급한 상황에 아주 중요한 역할을 해. 그런데 말이야. 혹시 소화전의 물을 어떤 방식으로 사용하는지 아는 사람 있니?

얼핏 봤을 땐 수도꼭지 돌리듯 옆에 달린 밸브를 열면 물이 나올 거라고 생각 해. 하지만 소화전의 수압은 어마어마하게 세서 함부로 열면 안돼. 소화전의 배관 안에는 자연수압보다 훨씬 높은 압력이 들어있어. 저층건물 뿐만 아니라 고층건물에서 불이 났을 때 수십 층까지도 물줄기가 올라가야 하기 때문이야.

그리고 또 재미있는 사실은 소화전의 압력이 소화전이 설치된

근처의 건물들 높이에 따라 달라진다는 거야. 예를 들어 50m 높이의 건물이 있다면 배관 속에는 약 70m까지 올라갈 수 있도록 압력이 조절돼 있다고 볼 수 있을 거야.

이렇듯 길가의 조그마한 소화전 하나에도 여러 계산이 들어가 있어. 물이 나오는 세기와 아이들이 소화전 위에서 장난칠 때의 하중까지 고려했다니, 이제 소화전이 새롭게 보이는 것 같지 않니?

자 이번엔 소화전 근처로 시선을 돌려보자. 도로니까 자동차나 자전거, 유모차 같은 게 눈에 띌 거야. 이 세 개의 공통점이 있어. 그게 뭘까? 바로 바퀴야. 이번엔 이 바퀴에 대해 이야기를 해보자. 바퀴를 검색해보면 〈인류 역사상 가장 위대한 발명품〉이라는 소개글이 함께 검색되기도 해. 나는 여기에 '수학적 원리의 집약체'라는 말을 덧붙이고 싶어.

바퀴를 떠올리면 우리는 당연히 둥근 모양을 떠올릴 거야. 맞아, 원의 형태일 때 가장 흔들림 없이 부드럽게 굴러가지. 원이 아니라면 중심축으로부터의 거리가 일정하지 않으니까 바퀴가 굴러갈 때마다 덜컹거릴 거야.

만약 자전거나 자동차의 바퀴가 둥글지 않다면 어떻게 될까? 사실 어린아이도 상상하지 않을 것 같은, 이런 황당한 의문을 해소하기 위해 네모 모양의 바퀴를 만든 사람이 실제로 존재해.

2-6. 스탠 왜건의 사각 바퀴 자전거

미국 매캘러스터 대학의 수학자인 스탠 왜건(Stan Wagon)은 실험을 위해 사각 바퀴 자전거를 만들었어. 놀랍게도 이 자전거는 부드럽게 잘 굴러간다고 해.

그 이유는 사진을 보면 알 수 있어. 사각 바퀴 자전거처럼 도로의 바닥 역시 평범하지 않은 모습이야. 상식적으로도 바퀴가 네모인 자전거는 평평한 바닥에서는 잘 굴러가지 않을 거야. 그러니 사각 바퀴 자전거를 움직일 수 있는 특수한 모양의 바닥까지 같이 제작한 거지. 어쨌건 사진만 놓고 봤을 때에도 승차감이 별로 좋을 것 같지는 않아.

노면이 울퉁불퉁한 곳에서 자전거나 인라인을 타본 사람이라면 쉽게 상상이 가겠지. 그게 아니라면 자갈이 깔린 비포장도로를 달리는 차 안을 떠올려봐. 평평한 길에서 둥근 바퀴의 자동차나 자전거를 타는 것이 얼마나 다행인지 몰라. 그 옛날 둥근 바퀴를 처음 발명한 사람에게 고마움을 느낄 만한 대목이지.

이번엔 과학과 아주 밀접한 스포츠 분야를 살펴보자. 야구나 축구 등 스포츠를 좋아하는 친구들이라면 아마 수학이 적용되는 부분이 어딘지 대충 감이 올 거야.

야구의 타율이나 축구 경기의 공 점유율, 경기의 점수계산 규칙 등을 보면 수학의 쓰임을 찾을 수 있어. 혹은 골프나 사격, 활쏘기 할 때의 동작이나 공이 날아가는 궤적에서도 찾을 수 있지. 이뿐만이 아니라 수학은 그 무엇보다도 스포츠의 산업적 측면에 커다란 영향력을 끼치고 있어.

쉽게 말해 수학이 없었다면 동계 올림픽은 아예 열릴 수 없을지도 몰라. 동계 올림픽의 종목을 보면 빠른 속도로 코너링하거나 전용트랙을 사용하는 경기가 많기 때문이야.

예를 들어 이번 평창 올림픽에서 좋은 성적을 거두며 큰 인기를 얻었던 스켈레톤이나 봅슬레이를 떠올려봐. 전용트랙 안에서 시속 100킬로미터가 훨씬 넘는 엄청난 속도 경쟁이 펼쳐지지. 때문에 이런 경기의 경우 트랙을 조금이라도 잘못 설계하면 선수들이 트랙 밖으로 튕겨져 나가는 끔찍한 사고로 이어질 수 있어. 그래서 이런 종목의 전용트랙을 설계할 때는 수학이 필수야.

물체의 운동방정식을 이용해 썰매의 속도나 가속도, 얼음과 썰매 사이의 마찰력, 원심력, 공기 저항까지 모두 계산하는 거지. 이 모든 값들은 트랙이 구부러진 정도에 따라 달라지므로 선수들이 원심력을 벗어나지 않는 선에서 썰매를 조종할 수 있도록, 안정성에 집중하여 설계를 하는 거야.

미국 메이저리그 일정이나 월드컵 경기 일정을 짤 때도 수학이 반드시 필요해. 2018 월드컵에서 독일, 멕시코, 스웨덴, 우리나라가 속했던 F조는 왜 여섯 번의 경기를 치뤘을까? 월드컵은 각 지역 예산을 통과한 32개 국가가 본선 무대에서 승부를 겨루는데, 4팀씩 8개조로 묶어서 처음은 조별 리그 방식의 경기를 해서 2팀씩 뽑고, 뽑힌 16개 팀은 토너먼트 방식으로 경기를 해서 우승팀을 가리게 돼.

리그전은 각 팀이 서로 한 번씩 경기를 해서 순위를 결정하거든. 따라서 우리는 독일, 멕시코, 스웨덴 각 국가와 골고루 경기를 한 거야. 4팀이 겨루는 리그전의 경우 팀당 6게임을 하면 되지.

궁금한 사람이 있을 것 같아서 이 내용을 공식으로 바꿔볼게. 리그전의 경기횟수는 $\frac{n(n-1)}{2}$ 으로 나타낼 수 있어. 만일 우리나라가 조 2위 안에 들었다면 두 팀이 싸워서 이긴 팀만 다음 경기에 진출하는 토너먼트 방식의 경기를 했겠지.

16팀이 토너먼트 방식의 경기를 할 때 총 경기 수는 '등비수열의 합' 공식을 통해 알 수 있어. 8+4+2+1=15, 즉 열다섯 번의 경기를 하는 거야.

예술이나 디자인, 마케팅, 날씨 등에도 수학이 들어있어. 미분과

적분, 통계와 확률은 경영과 마케팅에 필수적이며, 예술이나 디자인에는 수학적으로 계산된 선과 기하학 무늬가 사용되고 영화를 만드는 데도 수학이 필수적이야.

> 만일 '수학 없이 한번 살아봐' 라고 한다면 우리가 가진
> 모든 것들을 내려놓아야 할지도 몰라. 생각해봐.
> 도로도 없고 건물도 없고 휴대폰도 없고 자동차도 없는 삶을.
> 하다못해 1년 365일과 24절기까지도 수학을 빼놓고는
> 생각할 수 없을 거야. 수학 없이 살라는 말은
> 마치 공기 없이 살아보라고 하는 것과 마찬가지지.

아주 조금 살펴봤을 뿐인데도 우리 주변의 수많은 것들이 모두 수학으로 만들어지고 유지된다는 걸 알 수 있었어. '수학은 살아가는 데는 필요 없어. 대학에 가기 위해 수학을 하는 거야' 라고 생각하기에는 수학이 우리 삶과 너무나 밀접하게 닿아있어.

물론 지금 당장은 고등학교나 대학 진학을 위해 열심히 수학공부를 하고 점수를 올리는 것이 다인 것처럼 느껴질 수도 있어. 하지만 수학은 공부나 학문적인 의미에서뿐만 아니라 훨씬 더 넓은 의미에서 그 존재의 이유를 가지고 있어. 그 사실을 알고 있었으면 해.

공부를 할 때는 어렵게만 느껴졌던 수학이 사실 우리 삶 곳곳에 깃들어 있다는 사실. 아마 이런 사실이 우리가 가지고 있는 수학에 대한 거리감을 줄여주는 역할을 할 거야. 우선 내가 좋아하는 것에서부터 수학을 찾아보자. 수학이 멀리 있지 않다는 걸 깨닫게 되면 수학 공부도 한층 재미있어질 거야.

❷
수학머리? 타고난 재능보다 중요한 게 있어

1) 수능 1등급 '따위'에 수학적 재능이 필요할까?

TV를 틀면, 재능 있는 사람들이 총집합해 있는 걸 볼 수가 있어. 국민 MC 유재석과 강호동처럼 진행 능력을 타고난 사람도 있고, 가수 김건모나 김연우처럼 노래를 잘하는 사람이 있고, 김연아 선수나 손흥민 선수처럼 운동을 잘하는 사람이 있지.

이들은 분명히 노력도 많이 하겠지만 해당 분야의 재능을 선천적으로 타고난 사람들이기도 해. 그렇다면 수학적 재능도 타고날 수 있을까?

질문의 답을 먼저 이야기하면, 맞아. 수학적 재능을 타고난 사람은 분명히 존재해. 같은 노력을 해도 탁월한 성취를 보이는 사람이 분명히 있거든. 하지만 그것은 수능에서 만점을 받는 수준에 도달하는 데 조금 더 편리한 도구가 될 뿐 절대적으로 필요한 요소는 되지 않아.

우리가 목표로 하는 수능 수학이 세계적인 학술잡지인 「네이처(NATURE)」에 실릴 만큼 획기적인 아이디어 혹은 재능과 두뇌를 요하는 것은 아니기 때문이지.

제대로 된 학습 방법에 어느 정도의 노력을 더한다면 누구나 받을 수 있는 성적이 수능 1등급이야. 피나는 노력을 한다면 누구나 만점도 받을 수 있지.

성별, 지역, 나이, 직업에 관계없이 누구에게나 해당되는 이야기야. 난 심지어 올해 76세가 되는 우리 어머니 유옥자님도 할 수 있다고 봐.

만약 지금까지 한 번도 제대로 된 수학 공부를 해본 적 없는 사람이라면 1등급에 도달하기 위해 걸리는 시간은 짧게는 1년, 길게 잡아도 2년은 넘지 않으리라 생각해.

수능 수학에서 1등급을 받을 수 있다고 말하면 사람들은 내가 거짓말을 하는 줄 알아. 언젠가 유럽 여행을 갔는데, 그때 나의 동행인이었던(지금은 유명인이 된) 설민석 선생님도 나한테 이런 질문을 했어. 설민석 선생님도 내 말을 믿지 않는 것 같았지. 그래서 난 진짜로 누구나 1등급이 가능하다는 사실을 설득하기 위해 다음과 같이 이야기했어.

설T : 승제야, 내가 수학을 못해봐서 아는데 네가 학생들한테 누구나 수
　　 능 수학에서 1등급을 맞을 수 있다고 말하는 것은 솔직히 거짓말
　　 아니니? 난 말이야, 역사라는 과목은 열심히만 하면 정말 누구나
　　 1등급이 가능하다고 생각해. 그런데 수학은 다르지 않아? 누구나
　　 가능하다고 하는 것은 희망고문 아니야? 안 되는 것은 안 된다고
　　 솔직히 말해주는 것이 진정한 교육자로서의 도리 아닐까?"

정T : 형, 정말로 누구나 1등급 맞을 수 있어. 불가능하다는 것은 진짜
　　 모든 사람들의 오해야. 사람마다 선천적으로 타고나는 수학적 재
　　 능의 차이가 있을 수는 있어도, 수능에서 1등급 받는데 천부적인
　　 수학적 재능이 필요한 것은 아니에요, 형.

이번엔 체육시간을 떠올려 보자. 사람들은 누구나 제각기 타고
난 운동신경이 다를 거야. 그래도 체육시간에 하는 평가를 두고 '불
가능하다'는 단어를 쓰는 사람은 없을 걸.

만약 배구공으로 20번 토스하기를 평가한다면, 학생들은 어렵다
고는 생각해도 불가능하다고 하지는 않을 거야. 그건 이 평가가 타
고난 운동 신경에 좌우된다기보다는 노력으로 충분히 할 수 있는 수
준이기 때문에 그럴 거야. 수학도 똑같아. 수능 수학에서 1등급 받
는 일은 타고난 수학적 재능에 관계없이 누구나 열심히 하면 가능한

그런 수준의 일이거든.

체육시간에 배구공 토스를 평가하겠다고 해서 세계적인 배구선수 김연경과 같은 토스를 바라는 게 아니야. 수영을 평가한다고 해서 박태환 정도의 수영능력을 원하는 것 또한 아니지. 같은 의미로 수능 수학을 풀기 위해서 수학계의 박찬호, 김연아, 류현진 정도의 천재적 실력이 필요한 게 아니라는 거야.

우리가 목표로 하는 수능 시험은 단지 고등학교 과정에서 배운 것을 테스트하는 시험이야. 때문에 1등급을 받기 위해서는 천부적인 수학 재능 그런 거 전혀 없어도 돼.

물론 수학적 재능이 뛰어난 학생은 그렇지 못한 학생들에 비해 조금 유리하긴 할 거야. 그렇다 해도 수능 수학 1등급이 오식 그들만 얻을 수 있는 제한적인 점수인 건 아니지. 수능 수학에서 수학적 재능이란 것은 그냥 목표 지점에 좀 더 빨리 도달할 수 있을 정도의 값어치를 지닌다고 생각하면 될 것 같아. 수능 수학 1등급은 누구에게나 열려있으니 누구도 쉽게 포기하지 말자.

만약 포기하고 싶고, 의욕이 생기지 않는다면 위너스 클럽의 홈 페이지에 들어가 후기를 찾아보는 것도 방법이 될 수 있을 거야.

그곳엔 두 달 동안 거의 매일 밤을 새우다시피 공부해서 1등급의 벽을 뚫은 학생처럼, 고생 끝에 빛을 본 학생들의 실제 이야기가 굉장히 많이 업로드 되어 있어.

위너스 클럽 시상식을 하기 전에 수상자를 대상으로 1년간 어떻게 공부를 했는지에 대해 수기를 받는데 상을 받았던 학생들의 수기는 누구나 읽어볼 수 있게 공개되어 있으니 수험생활을 앞둔 학생이라면 찾아서 읽어봤으면 좋겠어.

나도 그 게시판에 올라와 있는 학생들의 수기를 읽으면서 '노력하면 누구나 된다'는 것을 거듭 배우고 자극을 받곤 해.

그중에서도 특히 기억에 남는 건 예체능을 했던 친구들의 후기야.

고등학교 때까지 미술이나 야구에만 집중하고 공부를 하지 않아서 고3 첫 모의고사를 8등급~9등급의 점수로 망친 친구들, 수학이라고는 더하기 빼기밖에 모르던 친구들. 그랬던 친구들이 1년 만에 눈부신 변화를 만들어냈어.

⚡ 1년간 정말 죽어라 열심히 공부를 한 끝에 결국 1등급을 받았거든.

이런 사례들이 차고 넘치는데 왜 믿지 않을까?

한번 믿고 따라 와봐. 진짜 하면 된다!

2) 내가 하고 싶은 리얼리티 프로그램, 아무나 수학 1등급 만들기!

난 수학적 기초가 없거나 부족한 학생들로 하여금 수능 수학에서 1등급 또는 만점을 받을 수 있도록 돕는 것이 나의 일이라고 생각해. 수학을 못했던 학생들을 최상위권으로 끌어올려서 자신들이 원하던 대학에 입학할 수 있도록 하는 것이 내 삶의 낙이지.

만약 이 책을 읽고 있는 독자 중에 예능프로그램 피디님이나 작가님이 있거나, 그들과 연이 닿아 있는 사람이 있다면 내 이름 석 자를 걸고 한 가지 제안을 하고 싶어.

리얼리티 프로그램인데, 컨셉은 1년 안에 수능 수학 1등급 만들기야. 일찌감치 수학을 포기한 학생들을 모아놓고 수능 수학 1등급을 만드는 리얼리티 프로그램을 해보고 싶어. 왜냐구?

수학을 못하는 친구들도 1년 만에 수능 1등급이 가능하다고 계속 이야기해도 사람들이 믿지 않으니까. 위너스 클럽의 그 많은 학생들이 증인이자 증거인데도 도무지 믿지 않으니까. 그토록 뿌리 깊게 자리한 수학에 대한 편견을 수많은 시청자들 앞에서 직접 깨보고 싶어.

'누구나 1년이면 수능 수학 1등급이 가능하다'는 말이 그렇게 믿기 힘들다면, 그런 리얼리티 프로그램을 통해서라도 된다는 것을 보여주고 싶은 것이 진짜 내 마음이야.

난 누구에게나 잠자는 수학 본능이 있다고 믿어. 수능 1등급을 맞을 수 있는 정도의 수학 본능은 정말 누구나 가지고 있어.

성적을 올리고 싶다면 지금 바로 잠자는 그 본능을 깨우고 차근차근 단계대로 공부를 해나가기만 하면 돼. 지금까지 했던 학습방법을 버리고 수학을 외워서 푸는 것이 아니라 진짜 개념과 원리를 아는 진짜 공부를 시작해보자.

3) 대한민국 고3의 충격적인 현실, 1등급 조차도 수포자라고?

어느 날 고3 학생들에게 이런 질문을 해 봤어. "$\log_3 10$이 뭐야?" 기초 개념에 대한 질문이었지. 그런데 너무도 충격적인 답이 돌아왔어. "선생님 $\log_3 10$을 어떻게 알아요?"

물론 정수로 딱 떨어지지 않으니까 그 값을 정확히 알 수 없다고 해도 그 의미는 반드시 알고 있어야 하는 내용이었는데. 학생들은 저는 정말 몰라요하는 듯 눈을 동그랗게 뜨고 날 보았지. 그제야 알았어, 진짜구나! 이 학생들은 정말 로그의 뜻도 모르고 로그 관련 문제를 풀고 있던 거였어.

그건 정말 놀랄만한 일이었지. 로그의 뜻을 모르는데 로그의 성질을 배우고, 로그함수를 공부하고, 로그미분까지 진도를 나간다니.

심지어는 $\sqrt{2}$ 의 의미도 모르는 친구들도 많았어.

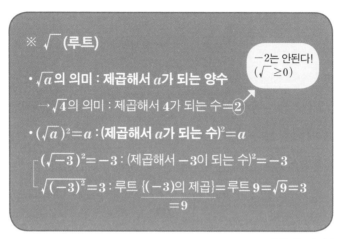

2-7. 루트의 정의

⚡ 루트는 중학교 때 나오는 개념이야. $\sqrt{2}$ 를 간략히 설명하면,

제곱해서 2가 되는 수이지만 인간의 계산능력으로는 직관적으로

알아낼 수 없는 값이야.

이때 표시를 하기 위해 만든 기호가 루트($\sqrt{}$)인 거지. 따라서 내가 한 질문에 대해서는 "$\sqrt{2}$는 제곱해서 2가 되는 수입니다"라고 대답하면 돼. 그런데 그렇게 대답을 하지 못하는 학생들이 꽤 많아.

학생들이 수학을 싫어하는 이유가 바로 여기에 있어. 개념이 갖춰지지 않은 상황에서 이상한 부호들이 나오니까 수학이 몇 배 더 어렵게 느껴지는 거야.

로그(log)도 앞에 나온 이야기와 똑같아. 루트는 중학교 때 배우고 로그는 고등학교 때 배우는데, 막상 고등학생이 되면 아무도 이런 기초를 가르쳐주지 않아. 학원에서도 마찬가지. 학부모들에게 기초부터 하나하나 가르쳐준다는 소문이 나게 되면 큰일이거든. 아마 학생들은 학원을 그만둔다고 할 게 뻔하고, 그럼 학원은 손해를 보게 될 거야. 왜냐고? 선행학습도 뒷전이고 진도도 나가지 않는 학원을 학부모들은 싫어할 테니까.

하지만 나는 당연히 기초부터 다루어야 한다고 생각해. 아까 말했던 $\log_2 8$과 같은 내용을 모르겠다고 하면 그 뜻부터 다시 설명을 하는 식으로 말야.

예를 들어, 2를 몇 제곱하면 8이 되느냐, 즉 2를 8로 만들어주는 지수를 $\log_2 8$으로 나타내는 거야. $\log_2 8 = 3$으로 나타내는 거야. 그렇다면 $\log_3 10$의 의미는 뭘까? 3을 몇 제곱하면 10이 되느냐, 즉 3을 10으로 만들어주는 지수를 의미하는 것은 무엇일까? 3을 2제곱하면 9가 되고, 3을 3제곱하면 27이 된다. 그러니 3을 10으로 만들어주기 위해서는 2와 3 사이의 어떤 수가 지수에 올라가야 할 것이다. 그리고 이것을 표현하기 위해 $\log_3 10$이라고 나타내는 것이다라는 내용을 설명해 주지.

안타깝게도 이런 기초적인 뜻조차 모르는 학생이 대다수야. 심지어는 아예 개념 자체에 대해서는 한 번도 생각을 해본 적이 없다고 이야기하지. 그 문제를 제대로 풀기 위해서는 그것부터 시작해야 하는데도 말이야.

특히 고3이 되면 아무도 이런 개념을 알려주지 않으니 학생들도 제대로 알 기회가 없었을 거야.

$$a^x = N \Leftrightarrow x = \log_a N \ (단, \ a > 0, \ a \neq 1, \ N > 0)$$
$$(a를 \ 거듭제곱하여 \ N이 \ 되게 \ 하는 \ 지수 \ x \Rightarrow 로그 \ a의 \ N)$$

2-8. 로그의 정의

2006년에 인터넷 강의로 데뷔한 나는 그 당시 영상 제작과 편집에 관한 여러 가지를 테스트하기 위해서 6강짜리 강의를 하나 만들었어.

정식으로 학생들에게 공개할 영상이 아닌 그냥 테스트를 하기 위한 것이었지. 그냥 편한 옷차림으로 칠판을 벽에 세워 놓고 집에서 혼자 만든 영상이었어. 평상시에도 수업을 하면서 고3 학생들의 수학 기초가 너무 부족하다는 것을 느끼고 있을 때였어. 중학교에서 반드시 알고 넘어왔어야 하는 기초에 대한 내용을 담고 싶은 마음을 늘 가지고 있었지.

그러다가 지금이 기회다 싶어서 가벼운 마음으로 촬영을 시작했지. 기초가 부족한 고등학교 3학년 학생들을 대상으로 학교 수학의 진정한 의미에 대해서 허심탄회하게 털어놨지.

아주 단순하고 쉽게 가자 싶어서 중학교 기초인 수의 분류부터 시작했어. 그리고 전개와 인수분해, 방정식, 일차함수와 이차함수, 이차부등식, 피타고라스 정리와 삼각형의 성질, 원의 성질과 도형까지 수학능력시험에 필요한 중학교 기초 개념들을 차례로 정리했지.

주로 "이게 기울기야, 이게 일차함수 기울기야, 이차함수는 이렇게 만들어진 거야!" 라는 식으로 개념 설명과 기초 원리에 대한 내용으로 6시간에 걸쳐서 6강 분량을 촬영했어.

이때 찍은 6시간짜리 영상을 가지고 혼자서 지지고 볶으며 독학으로 영상을 편집하는 방법을 배웠지. 그리고 어차피 테스트를 목적으로 만든 영상이라 내 컴퓨터에만 저장해서 그저 개인소장하거나 지워버릴 생각이었어.

그런데 막상 고생해서 촬영하고 편집까지했는데 그냥 버리긴 좀 아깝다는 생각이 들어서 당시 활동하던 이러닝 사이트에 올려봤어. 이 강의의 이름은 〈완포자(완전히 포기한 자)들을 위한 중학 수학 특강〉이었어. 그런데 정말 깜짝 놀랄 만한 일이 벌어진 거야.

당시 나는 인강 시장에 막 데뷔해서 완전 무명에 막내 강사였는데, 그 6강 분량의 강의가 1위 강사의 콘텐츠보다 더 높은 조회수를 기록해버린 거야. 회사에서도 깜짝 놀랐고 나도 믿기지가 않았지. 이후로 내 이름 뒤에는 '고등학생에게 정말 몰랐던 부분을 친절하게 설명해준 최초의 강사'라는 타이틀이 따라 붙었어. 이미 모의고사에서 1등급을 맞는 학생들조차도 이 내 강의를 들으며 그동안 부족했던 중학교 기초에 대해서 이제야 완벽히 짚고 넘어갈 수 있어 속이 시원하다고 감탄했지.

> ⚡ "이게 그거였어요?" "루트가 이런 거였어요?"
> ....
> "아, 함수라는 것이 그런 거였구나."
> ....
> 학생들로부터 이런 말을 얼마나 많이 들었는지 몰라.
> ....

이때 학생들의 폭발적인 반응 덕분에 데뷔한 지 얼마 안 된 무명 강사였던 나는 회사로부터 파격적인 조건의 장기 재계약을 제안받을 수 있었어. 이 사건은 내가 수학 강사 마음가짐을 다잡는 중요한 계기가 되었지.

특히 당시의 나는 그 강좌에 대한 학생들의 반응을 전혀 예상치 못했었기에 더 많은 걸 느꼈어. 고등학교 수학을 공부하고 있는 학생들 대부분이 기초가 부족한 상황이라는 걸 확신할 수 있었거든. 심지어 1등급을 받고 있는 학생들조차 예외는 아니었으니까.

이 강좌를 들은 학생 중에서는 중학교 내용 정도는 다 알고 있다고 자부하고 있다가 자신의 진짜 실력을 확인한 친구들이 많았다고 해.

> 그저 수학이 어렵다고만 생각했지 어떤 이유로 잘 안 되는지
> 몰랐던 친구들이 자신의 결핍을 난생처음 마주하게 된 거야.
> 6강에 불과한 짧은 강좌가 고구마처럼 꽉 막혀
> 풀리지 않던 문제를 뚫어주는 사이다가 된 거지.

그래서 그 강의가 그렇게 인기를 끌었던 거였어.

최근에 그때의 경험을 바탕으로 기초 강좌 하나를 더 찍었어. 남녀노소 누구든지 수학능력시험을 준비하는 데 필요한 기초과정을 끝낼 수 있도록 무려 70강짜리 강의를 큰마음을 먹고 만들었거든.

누구든 기초 과정을 제대로 끝내고 싶다면, EBS에 올라와 있는 70강짜리 강좌를 찾아보길 바래. 강좌 제목은 〈50일 수학〉이야. 50일 동안 초등학교 5학년 수준부터 고등학교 1학년 1학기 수준까지 모든 기초 과정을 끝낼 수 있게 해주겠다는 의미를 담은 강좌명이야.

그야말로 더하기 빼기 곱하기 나누기를 제외한 거의 모든 게 들어있어. 통분하는 법, 약분하는 법까지 전부 담았거든. 특히 수능 공부를 다시 시작하고 싶은데 수학 공부를 한지 몇십 년이 지나 엄두가 안 나는 사람들에게 강력 추천해.

당연한 얘기지만 EBS에서 제공되는 강좌는 수강료가 따로 없고, 교재도 살 필요도 없어. 이 강좌가 존재함으로써 수학 기초를 핑계로 수능을 포기하는 일은 이제 없을 거라고 믿어.

공식을 외운다고?
공식은 이해하는 거야

1) 공식은 생각의 과정을 줄여주는 도구일 뿐, 문제를 풀게
하는 유일한 방법이 아니다

중1 때, 수학 문제가 너무 어려워서 머리를 붙잡고 괴로워하던 나를 보며 어머니는 이렇게 이야기했어.

"내일 수학시험이라며? 공식은 다 외웠어?"

이 말처럼 당시의 나는 공식이 전부인 줄 알았어. 공식을 외워서 숫자를 대입해서 답을 내는 것이 수학이라고 알고 있었지. 지금 생각해보면 정말 엄청난 오해를 하고 있었던 거였어. 어쩌면 지금 학생들이 수학을 못하게 된 주된 이유도 저 말 속에 있지 않을까 싶어.

물론 수학 공식에게는 잘못이 없어. 당연한 얘기겠지만 머릿속에 넣어 놓은 공식이 별로 없다면 수학 시험에서 좋은 점수를 받을 수 없을 거야.

내가 평소에 "공식을 무조건 외우지 말라, 공식은 암기하는 것이 아니라 저절로 외워지는 것이다"라고 말하는 것은 공식을 사용하지 말라는 이야기가 아니야. 정확히 말하자면 그 공식이 어떻게 해서 만들어진 것인지 반드시 알고 있어야 한다는 의미야.

공식은 억지로 머리에 쑤셔 넣는 게 아니라 그 공식의 유도 과정을 여러 번 반복하면서 자연스레 암기할 수 있도록 해야 하는 거야. 공식의 유도 과정 하나하나가 고난도 문제를 푸는 데 꼭 필요한 생각의 재료가 되거든. 공식 자체를 단순 암기하는 것은 길게 봤을 때 도움이 되지 않아.

공식이라는 것은 문제를 푸는 동안 생각의 과정을 조금 줄여주고, 풀이 시간을 조금 단축시켜주는 훌륭한 도구일 뿐이야. 그렇기 때문에 공식이 마치 어떤 문제든 풀 수 있게 해주는 만병통치약이라도 되는 것처럼 여겨서는 안 돼.

공식이 만들어지는 과정에 대해 관심을 가지고 공부하다 보면 공식을 이용하지 않고도 그 문제를 풀 수 있을 만큼 실력을 쌓을 수 있어. 그렇게 공부하면 생각의 재료가 풍부해질 거야. 공식은 단지 답으로 가는 길을 단축해주고 생각할 시간을 아껴주는 유용한 도구로만 썼으면 해. 무엇보다 나중에 그 공식이 배제된 상태에서도 풀 수 있도록 스스로를 단련시키는 것이 중요해.

고등학교 1학년 과정에 점과 직선 사이의 거리 공식이 있어. 아래 그림의 공식에 직선의 방정식의 계수와 점의 좌표를 대입하기만 하면 그 결과가 뚝딱 나오지.

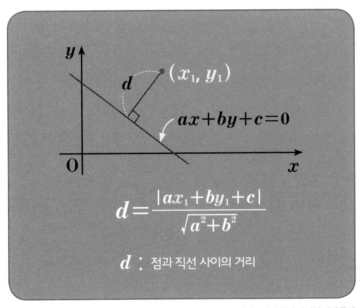

2-9. 점과 직선 사이의 거리 공식

이 방법을 통하면 정말 빠르게 답을 낼 수 있어.

하지만 우리는 위의 공식을 이용하지 않고도 점과 직선 사이의 거리를 구해낼 수 있어야 해. 이렇게 공식 없이 고민하고 공부하는 과정 하나하나가 생각의 재료로 우리의 뇌 속에 자리 잡게 돼.

그런 과정을 밟아야만 수능에서 고난이도 문제를 만났을 때 여러 가지 방면으로 생각해 볼 수 있게 되는 거야. 공식만 가지고 문제를 해결하는 습관을 갖게 되는 순간, 생각의 재료를 풍성하게 만들 수 없게 되어버려.

기하 과목에서 배우는 공간 도형이나 벡터에서도 마찬가지야. 공간상에서의 점과 직선, 평면에 관련된 문제를 해결할 때 공식 없이 푸는 연습 과정이 반드시 필요해.

공식 없이 답을 낼 수 없다는 건 그 문제의 풀이를 암기한 것에 지나지 않기 때문이야. 온전히 이해한 것이 아니라는 얘기지. 수학이 결국은 암기 과목이라는 말은 곧 수학이 공식에 대입해서 답을 내는 과목이라고 오해하는 이들이 만들어 낸 말일 뿐이야.

내가 어릴 때 내 머릿속 공식의 유무를 묻던 유옥자 씨와 같은 수학에 오해가 많은 사람들이 하는 말일 뿐이야.

⚡ 단언컨대 수학은 절대로 암기 과목이 될 수 없어.
··

2) 공식이 나쁜 것이 아니라 공식 '만' 암기하는 것이 나쁘다

이과 학생들이 가장 어려워한다는 기하 파트의 시작은 중학 수학에서 찾을 수 있어.

그것도 각 학년 2학기 과정 도형 파트에서 시작해. 고등학교 기하 문제의 70%는 중학교 도형으로 마무리돼. 중학교 도형이 중요하다고 하는 것은 바로 그런 이유에서야.

기하는 크게 논증기하와 해석기하로 나눌 수 있는데, 논증기하는 도형이 가지고 있는 자체적인 성질을 공부하는 것으로 중학교에서 많이 다루는 파트이기도 해. 그리고 해석기하는 좌표 평면상의 도형을 점의 좌표를 이용하여 방정식 형태로 해석하는 것으로 고등학교 1학년 때 처음 다루기 시작하지.

고등학생 때 기하를 어려워하는 친구들의 원인은 대부분 중학교 2학년 2학기에 논증기하 부분에서 대충 넘어왔기 때문이야. 이등변삼각형의 성질, 삼각형의 닮음 조건, 합동 조건, 평행선의 성질, 원의 성질, 원과 접선의 관계 이런 것들은 사실 조금만 관심을 기울여도 이해할 수 있는 간단한 개념들이야. 하지만 생각 없이 외우기만 하면 그것을 전혀 활용할 수 없게 돼.

각각의 과정을 완전히 파헤쳐서 온몸으로 체득해야 도형 문제의 감각을 기를 수 있어. 도형을 매개로 생각하는 연습은 이미 중학교 때 마스터하고 왔어야 해.

다들 어렵다고 말하는 공간 도형도 실제로는 그리 대단하지 않아. 중학교 때 배웠던 것들이 공간의 개념으로 확장되었을 뿐이야. 따라서 공간 도형 문제는 결국 평면화 과정을 통해 중학 도형으로 답을 내는 거지. 즉 이 말의 핵심은, 고등학교 기하 과정 70퍼센트가 중학교 도형에서 기인한다는 거야.

결국 공간 도형 부분이 약하다는 것은 중학교 때 평면 도형 공부가 부족했다는 뜻인데 정작 학생들은 중학교 도형에 원인이 있을 거라는 생각을 못해. 명색이 자연계로 진학할 마음을 먹고 기하라는 그럴싸한 과목을 배우는데, 실제로는 고작 중학교 도형이 약한 거라면 스스로에게 실망할 수도 있기 때문이 아닐까?

그래서인지 중학교 도형 파트로 되돌아가서 공부하는 학생을 찾아보기란 하늘에 별 따기 만큼이나 힘들어.

하지만 또 한편으로 그런 학생들에게 중학교 도형을 설명해주면 "아, 그게 그거였어요?" 라는 반응을 보이지. 중학교 도형에서 배웠던 정말 너무 간단한 원리들—이등변삼각형의 성질, 평행선의 정리, 삼각형의 외심, 내심, 무게중심 등등—을 설명해줄 때 나오는 반응이야.

만약 그 학생들이 중학생 때 '그게 왜 그렇게 되는지' 충분히 고민할 시간이 있었다면 지금과 같은 반응을 보이지는 않았을 거야. 결국 과거의 결핍이 현재를 발목 잡는 셈이지.

고1 때 배우는 해석기하에는 외분점 공식, 내분점 공식이라는 내용이 포함되어 있어. 자세히 보면 모두 중학교 때 배웠던 평행선의 성질을 바탕으로 만들어진 공식이라는 걸 알 수 있을 거야.

　　하지만 대부분의 학생들은 역시나 이 쉬운 사실을 떠올리지 못한 채 외분점과 내분점의 기하학적인 의미에 관심을 두지 않아. 대신 되게 복잡하게 생긴 공식만 달달 외우지. 산더미 같은 공식들은 잘 외우면서 왜 그게 어떻게 나온 것인지는 알려고 하지 않을까?

　　대부분 개념에 대해서 제대로 파악하지 못하다 보니 공식을 이용하지 않아도 되는 문제를 풀 때에도 전부 공식에 대입하려고만 해. 당연히 더 어려워질 수밖에 없지.

　　많은 학생이 그냥 보조선 하나만 그려서 중학교 도형으로 해결할 수 있는 문제에도 습관적으로 공식을 이용하려고 해. 정말 원리만 알면 간단하게 해결할 수 있는 문제도 꾸역꾸역 공식에 대입하려고 하니까 시간이 갈수록 더 어려워지는 거야.

　　이 말이 진짜인지 가짜인지, 실전 문제를 통해 알아보자. 고1 과정의 도형에 등장하는 내분점과 외분점을 중학생 때 배운 평행선 원리를 이용해서 해결해보자.

문제1 : (1,2)과 (4,11)을 2 : 1로 내분하는 내분점의 좌표를 구하시오.

위와 같은 문제가 나오면 학생들은 보통은 아무런 고민도 하지 않고 공식에 숫자를 대입할 거야. 내분점의 공식과 외분점의 공식은 다음과 같아.

$$A(x_1, y_1), B(x_2, y_2)$$

선분 AB를 $m : n$으로 나누는 내분점을 P, 외분점을 Q라 하면

$$P\left(\frac{mx_2+nx_1}{m+n}, \frac{my_2+ny_1}{m+n}\right)$$

$$Q\left(\frac{mx_2-nx_1}{m-n}, \frac{my_2-ny_1}{m-n}\right)$$

2-10. 내분점의 공식과 외분점의 공식

따라서 (1,2)과 (4,11)을 2:1로 내분하는 내분점의 좌표를 내분점 공식에 집어넣으면 x좌표는 $\frac{9}{3}=3$, y좌표는 $\frac{8}{24}=8$로 계산되므로 정답은 (3,8)일 거야. 그런데 이 공식이 어떻게 나왔는지 알면 헛웃음이 나올 수도 있어. 정말이지 공식에 대입할 가치를 못 느낄 걸.

일단 중학생 때 공부한 평행선의 정리가 뭔지 살펴보자.

아래 그림과 같이 평행한 세 선분을 다른 직선이 자르고 지나갈 때 다음 그림처럼 선분의 비가 같다는 뜻이지.

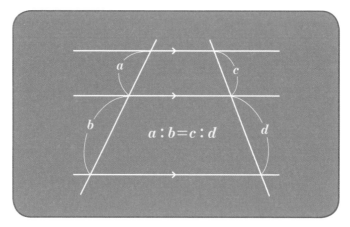

2-11. 평행선의 정리

내분점, 외분점 공식의 원리는 중학교 때 평행선의 비율 관계에서 나와. 이차원에서의 비율은 일차원에서의 비율과 같다는 원리에서 비롯한 것이지.

그렇다면 위의 문제에서 x좌표만 놓고 보자. 첫 번째 점의 x좌표가 1이고 두 번째 점의 x좌표가 4니까 두 점의 x좌표는 3만큼 차이가 나는 거야. 그런데 그것을 2:1로 나누라 했으니까 첫 번째 점에서 2만큼 떨어진 점이 2:1 내분점이 되지. 결국 내분점의 x좌표는 첫 번째 점의 x좌표 1에다가 2를 더한 3이 될 거야.

이와 같은 원리로 y좌표는, 첫 번째 점과 두 번째 점의 y좌표가 각각 2와 11로 9만큼의 차이가 나겠지. 그리고 이를 2:1로 나누라 했으니까 9를 2:1로 분할하면 6:3이 될 거야. 따라서 내분점의 y좌표는 첫 번째 점의 y좌표인 2에다가 6을 더한 값이 되므로 8이 되는 거야. 그래서 답은 (3,8)이야.

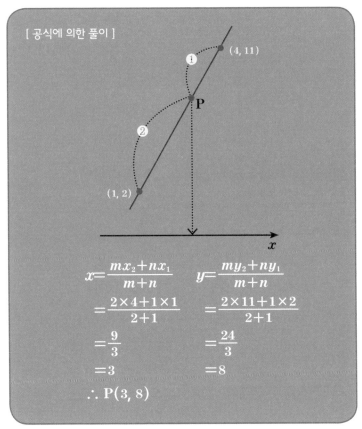

[공식에 의한 풀이]

(4, 11)

P

(1, 2)

x

$$x=\frac{mx_2+nx_1}{m+n} \qquad y=\frac{my_2+ny_1}{m+n}$$

$$=\frac{2\times4+1\times1}{2+1} \qquad =\frac{2\times11+1\times2}{2+1}$$

$$=\frac{9}{3} \qquad\qquad\qquad =\frac{24}{3}$$

$$=3 \qquad\qquad\qquad\quad =8$$

$$\therefore \mathrm{P}(3,\, 8)$$

2-12. 내분점과 외분점 공식의 원리를 이용한 문제 풀이

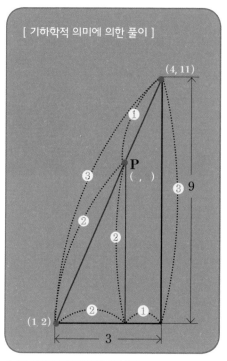

[기하학적 의미에 의한 풀이]

(4, 11)

① ③ P (,) ③ 9

② ②

② ①

(1, 2) 3

2-13. 기하학적 의미에 의한 문제 풀이

원리를 이용한 풀이를 보니 간단하지? 공식의 가장 큰 단점은 문제가(아주 약간이라도) 응용되어 출제되면 그 문제를 풀 수 있는 사고과정을 스스로 이끌어나갈 수 없도록 만든다는 거야.

여기서 오해하지 않았으면 해. 내 말은 절대 공식을 외우지 말라는 이야기가 아니야. 이유도 모르고 맹목적으로 외우지 말라는 이야기지.

머리에 원리가 들어있지 않고 공식으로만 가득 차 있으면 문제를 풀 때, 생각의 과정이 발전하고 진행될 수 없어.

이렇듯 우리가 중요하게 생각하지 않고 않게 흘려버렸던 작은 이유들, 바로 이런 것들이 수능에서 최고난도 문제를 푸는 최고의 '생각의 재료'가 되는 거야.

④

수학 공부,
고3 때 시작해도 늦지 않다

1) 1년만 투자해도 승산이 있는 게임, 수능.

예전에는 고등학생 중에서 일부의 학생들만 수학을 포기하곤 했어. 헌데 요즈음은 고등학생의 절반 이상이 수포사(수학을 포기한 사람)로 분류되고 있어. 고등학생이야 그렇다 치더라도 중학생이나 초등학생 때부터 수포자가 되는 것은 정말 큰 문제야. 학생들이 수학을 제대로 접해보기도 전부터 미리 포기해버린다는 얘기니까.

> ⚡ 고3 때부터 수능 수학을 시작해도 얼마든지 고득점을 맞을 수 있는 게 현재의 수능 시험인데 이리도 일찍 수학을 포기하다니. 정말 안타깝고 어이없는 일이 아닐 수 없어.

사실 초등학생이면 본격적인 수학을 시작하기도 전이야. 내 생각엔 중3이나 고1 때부터 시작해도 늦지 않아. 그때부터 수학에 흥미를 붙이고 기초부터 차근차근 시작할 마음을 먹는다면 오히려 남들보다 굉장히 빨리 시작하는 것이라고 말해 주고 싶어.

물론 어떤 부모님들은 공감하지 못하실 수도 있지만, 사실이 그래.

> ⚡ 심지어 고2 때부터 시작하더라도 1등급은 물론이고 수능 만점까지도 노려볼 수 있는 게 현재의 수능 시험이야.

이런 현실을 전혀 알지 못한 채 중학교나 초등학교 때부터 수학을 포기한다는 것은, 마라톤 선수가 출발도 전에 기권해버리는 것과 같아. 제대로만 한다면 고등학교 3학년 때 시작을 한다 해도 충분히 승산이 있는 과목이 수학이라는 말을 해주고 싶어. 이건 과장이 아니야. 실제로 내 강좌를 듣는 수강생 중에는 고 3이 되어서 생애 처음 수학 공부를 시작하는 친구들도 많아.

수능까지 남은 약 1년의 시간 동안 죽어라 노력한 끝에 1등급 혹은 2등급 그리고 만점까지 받는 학생들이 매년 수백 명씩 배출되고 있어.

정말 궁금하지 않니? 어떻게 그들은 단 1년 만에 성공을 거둘 수 있었을까? 그들의 성공비결은 무엇일까?

사실 문제 풀이 연습을 전혀 하지 않고서도, 그 흔한 기출 문제집 한 권 풀지 않고서도 개념만 제대로 알고 있으면 80점 이상 받을 수 있는 시험이 지금의 수능 시험이야. 개념을 제대로 아는 것이 쉬운 일이면서도 어려운 일이라 그렇지.

수능 수학은 총 30문제가 출제되는데, 그중 16개의 문제는 2, 3점짜리이고 14개의 문제는 4점짜리가 출제돼. 여기서 가장 중요한 건 당연히 4점짜리 문제야.

문제형식	문항번호	배점	난이도	(준)킬러 문제
객관식	1	2점	매우 쉬움	
	2	2점	매우 쉬움	
	3	2점	매우 쉬움	
	4	3점	쉬움	
	5	3점	쉬움	
	6	3점	쉬움	
	7	3점	쉬움	

	8	3점	쉬움	
객관식	9	3점	쉬움	
	10	3점	쉬움	
	11	3점	쉬움	
	12	3점	쉬움	
	13	3점	쉬움	
	14	4점	평이한 편	
	15	4점	평이한 편	
	16	4점	평이한 편	
	17	4점	평이한 편	
	18	4점	평이한 편	
	19	4점	평이한 편	
	20	4점	어려움	준 킬러
	21	4점	매우 어려움	킬러
주관식	22	2점	매우 쉬움	
	23	3점	쉬움	
	24	3점	쉬움	
	25	4점	평이한 편	
	26	4점	평이한 편	
	27	4점	평이한 편	
	28	4점	평이한 편	
	29	4점	어려움	준 킬러
	30	4점	매우 어려움	킬러

하지만 4점짜리 문제들이 전부 어렵게 출제되는 것은 아니야. 그 중 10~11문제는 개념만 제대로 알아도 충분히 접근 가능한 무난한 수준이지. 결국 1등급이냐 아니냐를 판가름하는 문제는 3문제에서 많아 봤자 4문제 정도야. 그 4문제 중 2문제는 진짜 어렵지. 소위 킬러문항이라고 불리는 초고난이도 문제들이야.

객관식의 마지막 21번 문제와 주관식의 마지막 30번 문제가 킬러문항이지. 수학을 꽤나 잘한다는 사람들도 10분 이상씩은 생각해 봐야 출제자의 의도를 파악할 수 있는 정말 어려운 문제야. 나머지 두 문제는 소위 준 킬러문항으로 킬러문항 바로 전 문항인 20번과 29번 문제를 가리키지. 이제 이 문제들을 어떻게 공략해야 할지 살펴볼까?

우선 등급을 나눠서 말해 보자.

> 킬러문항 두 문제만 틀리고 나머지 28문제를 모두 맞히면 1등급이야. 킬러문항 두 개와 준 킬러문항(두 문제 중) 하나를 틀리면 2등급이 될 거야.

킬러문항 두 개와 준 킬러문항 두 개를 모두 틀리면 3등급이지. 누구나 3등급 정도는 어렵지 않게 맞을 수 있어. 3등급 선까지는 설사 제대로 된 개념 없이 공식만 달달 외우고, 기출 문제의 풀이방법을 유형 별로 암기한 학생들도 풀 수 있을 만큼 평이하게 출제되기 때문이야.

그러니 누군가가 내게 "선생님 3등급을 받게 해주세요" 그랬다면 이 책을 쓸 생각도 안 했을 거야. 그냥 기출 문제집을 건네주면서 무한정 암기시키면 얼마든지 할 수 있는 일이니까.

하지만 우리는 3등급 그 이상을 바라봐야 해. 우리들의 목표 대학은 대체로 그 이상에 있거든. 그러니 우리가 정말 힘들게 맞서 싸워야 할 대상은 정해져있지. 킬러문항과 준 킬러 문항이야. 이 4문제를 전부 다 틀리면 목표 대학과는 아마 영영 멀어질 거야. 이 문제들을 무조건 맞출 수 있도록 수학 실력을 단련해야 해. 여기서 내가 이 책을 쓴 진짜 이유가 등장하지.

우리가 반드시 기억해야 할 사실은, '제대로 된' 개념 공부를 하지 않고서는 이 킬러문항을 절대 넘을 수 없다는 거야. 기억력에만 의존하는 학생이 절대 넘어설 수 없는 것이 바로 이 4문제고 그 친구들은 결국 3등급에 발목을 잡히지. 준 킬러와 킬러문항을 건드릴 수 있으려면 반드시 생각을 해서 풀어야 해. 3등급의 벽을 넘고자 하는 친구들에게 '처음부터 다시 해야 한다'는 말을 하는 이유가 바로 그거야.

가장 중요한 것은 제대로 된 개념을 쌓는 과정이야. 생각의 재료를 쌓아야 생각하는 힘이 생기거든. 여기에 피나는 연습과 의미 있는 반성이 무한히 곁들여져야 비로소 1등급에 올라설 수 있고, 만점에 다가갈 수 있어.

⚡ 개념을 쌓는 일에 시간 부담을 느끼는 친구들이 있는데,
꼭 필요한 개념을 쌓기 위해선 5~6개월이면
충분히 끝낼 수 있다고 이야기해주고 싶어. 겁먹지 않아도 돼.
고3 때 시작하더라도 충분히 해볼 수 있는 싸움이야.

개념만 쌓아도 무난하거나 쉬운 수준의 26문제는 전부 맞출 수 있게 돼. 그러니 아무리 기초가 없더라도 5, 6개월간 개념을 제대로 쌓고, 그 개념을 바탕으로 4개월간 연습을 한다면 넉넉잡아도 12개월이면 정말 누구나 기적을 만들 수 있어. 진짜 실현가능한 일이니 믿자!

2) 절대로 성적이 오르지 않는 우등생! 저는 2등급이 한계인가요?

예전에 일산에서 단과 수업과 재수생 종합반 수업을 동시에 맡

고 있었을 때의 일이야. 어느 날 쉬는 시간에 문과반의 학생 하나가 수학 문제를 물어보고 싶다며 찾아왔어.

그 친구는 공부도 잘하고 항상 노력하는 학생이었어. 수학을 제외한 다른 과목은 대체로 안정적으로 1등급을 받고 간혹 만점도 받는, 그야말로 성실함 그 자체였던 학생이었지. 하지만 이상하게도 수학 점수만 제자리였어. 언제나 2등급이었지.

나는 그 학생이 막혔던 부분을 짚어주면서 지극히 기본적인 설명을 곁들였어.

"판별식이 0보다 크면 서로 다른 두 실근을 갖잖아, 알지?"

그랬더니 그 친구가 자신 없는 목소리로 대답했어.

"하하, 네 그렇죠…."

그 친구의 표정을 보니까 뭔가 느낌이 싸해서 다시 물어봤지.

"판별식이 0보다 크면 서로 다른 두 실근을 가지는 건 알잖아?"

"네, 알아요…."

"그럼 그게 왜 그런지도 알아? 왜 0보다 크면 서로 다른 두 실근을 가지는지?"

여기까지 물어보자 그 친구는 작은 목소리로 속삭이듯 다음과 같이 대답했어.

"쌤, 저 그런 거 몰라요."

"!!!!!!!!!!!"

난 그 학생의 말에 적지 않은 충격을 받았어. 내색하지는 않았지만 속으로는 매우 놀랐지. '모른다고? 이런 기초적인 것을? 2등급 받는 학생이 모른다고?' 나는 그제야 그 친구의 상황이 이해가 됐어.

> ⚡ 정말 열심히 하는데도 원리와 개념을 모르고 문제 풀이만 했으니
> 1등급으로 올라갈 수 없었던 거야. 문제를 풀 때 생각을 할 수
> 있는 도구가 없었으니, 풀어보지 않았던 유형의 문제가 나오면
> 틀릴 수밖에 없었을 거야.

그나마 특유의 성실함이 있어서 문제집을 많이 풀어봤고, 그 문제집 안에서 만났던 유형의 문제들을 맞히면서 2등급을 버틸 수 있었던 거였지.

측은하다는 생각이 들었어. 그렇게나 쉬운 길을 어렵게 빙빙 돌아갔으니 얼마나 고통스러웠을까 싶은 거지. 한편으론 다행이라는 생각도 들었어. 지금껏 1등급으로 올라서지 못했던 원인이 밝혀졌으니까. 앞으로 어떻게 하면 더 좋아지겠다는 계획도 세울 수가 있지. 아마 이 친구는 그동안 판별식 문제를 여러 번 풀었어도 원리를 모르니 문제 유형이 조금만 바뀌면 틀릴 수밖에 없었을 거야.

문제의 원인을 알게 되었으니 이제 성적을 올리는 일은 너무 간

단해졌어. 이 학생의 상황을 제대로 알게 되었으니 판별식 질문에 대해서도 다시 설명하기로 했어. 너무 간단해서 허무한, 판별식의 원리를 설명해줬지.

곧 그 친구의 표정이 활짝 펴졌어.

"쌤 대박! 완전히 이해됐어요. 왜 선생님이 맨날 흥분해서 알아야 한다고 하셨는지 이제 좀 알 거 같아요."

워낙 성실한 친구였기에 그다음부터는 순조로웠어. 그 학생은 얼마 후에 절대로 넘어설 수 없을 것만 같았던 1등급의 벽을 넘을 수 있게 되었지.

만약 다른 과목 공부를 아무리 잘해도 수학은 2등급에서 1등급으로 못 올리거나, 1등급은 받아도 절대 만점까지는 치고 올라가지 못하는 친구들이 있다면, 바로 앞의 학생의 경우를 참고로 자신의 상황에 대해 진지하게 생각해보길 바래.

내게 진짜로 필요한 해결책이 무엇일지 말이야.

3) 고3, 3월 모의고사 5등급에서 만점으로

중학교 3학년 때부터 EBS의 고1 과정 수업을 듣기 시작해서 고3이 될 때까지 4년 동안 꾸준히 내 수업을 들었던 학생이 있었어.

부산에 사는 학생이었는데 수학 내신 점수는 거의 만점이라 한두 개만 틀려도 속상해서 어쩔 줄 몰라 하는 그런 학생이었지. 그런데 이 친구가 고등학교 2학년 겨울방학 직전 치른 교육청 모의고사에서 충격적인 수학점수를 받은 거야. 5등급을 말야.

주변에 수학을 포기하다시피 한 친구들이 받은 점수와 동일한 5등급을 받았으니 그 친구의 심리적 충격은 말도 못했어. 그것도 고3이 되기 직전에 받은 점수였으니 더 했겠지. 훗날 전해 들었지만, 이때 나에게 엄청난 배신감이 들었다고 하더라고. 중학생 때부터 오직 내 수학 강의만 들으며 열심히 공부해왔으니 그럴 만도 하지.

몇 개월 후 이 학생은 고3이 되어 첫 번째 모의고사를 보게 됐지. 일명 3월 모의고사. 전국의 고3 학생, 학부모, 담임 선생님, 학원 선생님 모두의 관심이 집중되어 있다는 그 3월 모의고사를 봤는데 역시나 수학만 5등급을 받았어. 이 학생은 또 한 번 하늘이 무너진 것 같은 충격을 받았지. 어떻게 해야 할지 몰라 눈물만 나고 앞이 캄캄했대.

그 와중에 또 마음에 스크래치가 나는 일이 생겼어. 3월 모의고사 성적표를 가지고 이뤄진 담임 선생님과의 첫 면담. 목표 대학을 말씀드렸더니 담임 선생님이 "수학 5등급인 네가 그 학교에 가면 내 손에 장을 지진다"고 하셨다는 거야.

가끔 학생들과 상담을 해보면 종종 학교 담임 선생님과의 첫 면담에서 있었던 일이 고3 생활 내내 지독하게 공부를 하게 하는 계기가 되는 것을 볼 수 있어. 이 학생도 비슷한 경험을 한 것 같아. 담임 선생님 말이 너무 섭섭하고 속상해서 속으로 '제가 꼭 선생님 손에 장 지지게 해드릴게요!' 라는 결심을 했다고 해.

하지만 현실은 너무 막막했지. 수능시험까지는 1년도 채 남지 않았는데 어떻게 공부해야 하나? 중학교 때부터 내가 하라는 대로만 했는데 받은 점수는 이 모양이니 이제 누구의 조언을 믿고 공부해야 하나 막막했대.

그렇게 원인도 대안도 찾지 못해 못하고 방황하던 그 무렵, 어느 날 유튜브에서 돌아다니는 나의 〈쓴 소리 영상〉을 우연히 다시 봤다고 해. 4년 동안 매일 듣다시피한 내 잔소리인데, 그날은 왠지 평소와 많이 다른 느낌이었던 거지. 마치 망치로 머리를 한 대 얻어맞은 느낌! 그 친구는 그날의 동영상을 통해 '지금까지 자신이 수학을 알고 공부한 것이 아니라 모르고 공부해왔구나'라는 것을 처음으로 느꼈다고 해.

그동안 내가 말하는 대로 공부했다고 생각했는데 그날 보니, 실제로 자신은 내신 만점을 받기 위해 내신 시험에 잘 나오는 빈출문제만 보고 있었다는 거야. 그것도 문제 풀이 위주로 공부를 하고 있었다는 걸 그때 깨닫게 된 거지.

그 깨달음을 얻게 된 건 3월 말이었어. 수학을 처음부터 다시 시작하기로 결심한 이 친구는 독하게 다시 공부했어. 6월 모의고사까지 두 달밖에 안 남았을 때니, 그 기간 동안 모든 개념을 처음부터 다시 하려면 잠을 잘 시간이 부족했을 거야.

그렇게 졸음을 이겨가며, 19년 살면서 경험했던 것 중 가장 심한 고통을 참아가며 모든 개념을 나를 성대모사하듯 설명하며 공부했어.

결국 이 친구는 6월 모의고사에서 좋은 점수를 받았을까? 맞아, 놀랍게도 이 친구는 96점을 받았어. 한 문제를 제외한 모든 문제를 맞아야 받을 수 있는 점수지. 단 두 달 만에 5등급에서 1등급으로 점프를 한 셈이야.

이 친구의 변화는 수학이 성실함만으로는 해결될 수 없는 과목이라는 것과 완전히 '안다'는 것이 얼마나 중요한지를 보여주는 좋은 예라고 할 수 있어.

하지만 이 친구의 이야기는 여기서 끝이 아니야. 내가 이 친구를 처음 만나게 된 것은 MK-TV 캠프에서였어. MK-TV 캠프는 고3 시작할 때는 성적이 형편없었다가 6월 모의고사에서 기적에 가까운 점수를 만들어낸 학생 10명을 데리고 1박 2일 동안 신행하는 프로그램인데, 이 프로그램의 출연자로 만나게 된 거지. 나는 여기서 이 친구가 얼마나 피눈물 나는 노력을 했는지 자세히 들을 수 있었어.

이 친구는 가장 먼저 여태까지 자신이 제대로 공부를 하지 않았다는 걸 느꼈대. 완전히 알고 넘어간 게 아니라 대충 공식만 알고 넘어간 것에 대해 크게 반성했다고 했어.

처음부터 다시 하자고 마음먹은 다음부터 6월 모의고사를 보기

두 달 전부터 독하게 공부를 시작했대. 말 그대로 독한 공부 방법이 었어. 과연 처음부터 기하와 벡터까지의 과정을 다시 제대로 공부하는 게 두 달 안에 가능할까?

일반적으로 생각해서는 정말 말도 안 된다고 할 거야. 하지만 이 친구는 두 달 안에 정복하겠다는 계획을 세우고 그걸 실행했어. 그러다 보니 정말 잘 시간이 없었다고 하더라고.

정말 평일엔 거의 못자고 쪽잠으로만 버티다가 주말이 되어서야 비로소 편하게 몇 시간씩 잤다고 해.

나도 20대에 사흘 동안 밤을 새본 적이 있는데, 사흘째 되는 날 계단에서 넘어지고 말았지. 계단을 내려가는데 다리가 저절로 꺾였 거든. 잠을 못 자 정신이 몽롱한 상태에서 벌어진 일이었지. 다행히 다치지 않았지만, 잠을 못자면 몸도 정신도 내 맘대로 컨트롤이 안 될 정도로 힘들다는 걸 알게 되었지. 그런데 이 친구는 두 달 내내 거의 안 자면서 쪽잠만 가지고 버텼으니 얼마나 힘들었을까?

여기서 한 가지 당부할게. 절대 이 친구를 따라할 필요는 없어. 내가 강조하는 수학 공부의 핵심은 잠도 줄여가며 공부하라는 이야 기는 아니니까. 오해는 없길 바래. 이 친구는 조금 독특한 경우야.

두 달이라는 시간 동안 정말 혹독하게 공부할 걸 각오하고 계획을 한 거지. 실천을 위한 강렬한 의지가 대단하게 느껴지지만 결코 권장할 만한 일은 아니야.

그러니 이 친구처럼 고3 때서야 비로소 깨닫고 힘들게 고생하지 않으려면, 완전히 아는 것의 중요성을 미리미리 알아두었으면 해. 남들보다 뒤늦게 알게 되어 시간을 아끼려고 고통스러운 시간을 보내야 하는 그런 상황은 벌어지지 않았으면 해.

즉 선행학습을 할 시간에 하나라도 완벽히 알기 위해 노력하고 관심을 가져달라는 의미야.

한편 안다는 것에 쾌감을 느낀 학생들 중에서는 계속 아는 것에만 관심을 두고 그것만 파는 학생이 있어. 그런데 아는 것만으로 수능 1등급과 수능 만점을 보장받을 수 있는 건 절대 아니야. 수학을 정말로 완전히 알기 위해서는 아는 것을 넘어 연습과 반성을 꾸준히 해야 해.

하지만 아는 것의 힘을 느낀 친구들은 가끔 귀를 닫고 그것에만 함몰되는 경우가 있어. 내가 제발 개념 공부를 그만하고 연습을 해야 한다고 아무리 강조를 해도 개념 공부에 사활을 걸곤 해. 그만큼 개념 공부의 중요성에 대해 느낀 바가 컸다는 거니까 이해는 되지만 결코 옳은 방향은 아니야.

다시 강조하지만 개념만 가지고는 절대 만점을 만들 수는 없어. 개념이 탑재된 상태에서 앞서 여러 번 언급한 연습과 반성의 과정이 반드시 수반되어야만 하지. 내가 인터넷 상의 영상에 힝힝 새겨놓는 문장을 기억해.

> ❤️ "완벽한 개념과 피나는 연습만이 만점을 만듭니다."
> 이 말을 절대 잊지 말자.

아무튼 고3 때부터 독하게 공부한 이 학생은 결국 수능에서 만점을 맞았어. 이후 고려대학교 수학교육과를 장학생으로 입학하여 전액장학금을 받게 되었지. 그런데 나중에 같이 식사하는 자리에서 이렇게 말하더라고.

"쌤, 저 다시 수능 공부하려구요."

"????"

"의대에 갈래요. 다시 공부하면 전 과목에서 만점받을 수 있을 것 같아요."

"너의 의지가 그렇다면 응원이야 해주겠지만, 아이고~ 그 괴로운 공부를 왜 다시 하려고 해?"

"고3때 3월 말부터 두 달 동안 처음부터 다시 공부했던 고통에 비하면 아무것도 아니에요. 그 노력이면 세상에 뭐든 일이든 다 할 수 있을걸요?"

지금 이 책을 읽는 학생들에게 말할게. 이 친구처럼 고3이 되어서야 스스로를 괴롭히지 말고, 미리미리 중학교 때부터 '완전히' 알고 넘어가자. 수학의 개념을 완전히 아는 고3 생활이라니 생각만 해도 든든하지 않겠어?

4) 제로베이스에서 시작한 스물네 살 수험생도 된다

초등학생이나 중학생 때부터 예체능 쪽으로 진로를 설계했던 친구들은 대부분 수업 시간에도 공부를 하지 않고 훈련을 해. 그러다가 진로를 바꿔서 일반 대학에 가려고 하면, 처음부터 아예 공부해야 하기 때문에 시작점이 '0'이 되지. 그야말로 제로베이스에서 시작하는 거야.

예체능 쪽이 아니더라도 공부를 전혀 안 했던 친구들도 마찬가지야. 하지만 그 친구들도 대학에 가기 위해서 필요한 시간은 1월부터 시작해서 수능시험을 치를 때까지 10개월이면 돼.

실제로 내 수업을 듣는 학생 중에는 대학 생각은 아예 접고 군대 갔다 와서 장사를 하다가 스물네 살이 되어서야 대학에 가고 싶어져서 공부를 시작한 친구가 있었어. 그야말로 수학뿐 아니라 모든 과목에 아무런 기초가 없이 무(無)에서 시작한 친구였지.

어느 정도였냐면, Save Zone을 사베조네라고 읽어 기겁을 하게 했던 그런 친구였어. 공부를 해본 경험이 없기 때문에

당연히 이해력이 부족했지. 학생들을 가르치면서 포기한 적이
없었던 내가 처음으로 포기를 생각했을 정도였으니까.

수학은 누구나 노력하면 잘할 수 있다던 평소의 신념이 처음으로
흔들렸어. 1년 동안 열심히 공부하면 누구나 잘할 수 있다는 주장을
번복해야 할 위기에 놓였지.

그러다가 10월이 되자 요지부동이던 그 친구의 점수가 어느 정도
상승하기 시작했어. 수능시험에서는 자신의 인생 점수를 받아 결국
한국외국어대학교에 합격할 수 있었지.

그러니 그 누구도 중학교 때나 고등학교 1학년, 2학년, 심지어
3학년이 되어서도 수학을 포기할 필요는 없어. 누구나 가능해.

이 친구처럼 아예 다른 길로 갔다가 공부를 시작한 친구나, 일찍
부터 예체능 쪽으로 진로를 정했다가 마음을 바꾸는 친구들도 마음
먹고 '제대로'만 하면 가능해.

수학 공부는 정말 고3 때 시작해도 늦지 않아. 늦어도 괜찮으니
그 가능성을 믿자.

난 차라리 점수를 올리기 가장 어려운 과목은 국어가 아닐까 라
는 생각을 해. 이미 국어에 대한 지식은 19년을 대한민국에 살아오
면서 어느 정도는 쌓여있을 테지만, 그 상태에서 더 높은 지식과 경

험을 요구받게 되니까 생각보다 더 점수 올리기가 어려울 거야.

하지만 수학의 경우, 대부분의 학생들은 머릿속에 아무것도 존재하지 않은 상태에서 시작하는 것이기 때문에 오히려 수월하지. 나름 공부 좀 한다는 친구들마저도 완전히 알지 못한 그런 상태에서 시작하니 말이야. 그들은 수학에 대한 '생각의 재료'들이 워낙 없기 때문에 조금만 채워도 오히려 반응이 빨리 오게 돼.

그래서 나는 재수생이나 고3들 수업을 시작할 때 1강에서 '어줍지 않은 지식들 다 버리고 갓난아이와 같은 깨끗한 두뇌 상태를 가지고 오라'는 조언을 하기도 해.

물론 비어있는 부분을 채우는 과정이 대단히 고통스럽기는 해. 그렇다 해도 누구나 가능하다는 것이 포인트 아니겠어?

구체적으로 말하자면 하루에 수업 듣는 시간을 제외하고 혼자서 하는 수학 공부 시간이 3시간 이상이면 충분히 돼. 그래도 정말 하루 3시간이면 수학이 될까? 라는 의문이 든다면, 일주일만 실천해보자. 하루 3시간씩 꾸준히 수학을 공부한다는 것이 결코 쉽지만은 않을 거야.

그래도 그것만 해내면 돼. 마음만 흔들리지 않고 꾸준히 가면 돼. 굳은 의미만 있으면 얼마든지 해낼 수 있는 작업이야. 제로베이스라는 단어에 뜨끔하는 친구들이라면 지금 당장 하루 3시간씩만, 그렇게 시작해보자. 나중에 느끼겠지만 진짜 시작이 반이야.

5) 진지하게 인생을 고민해보라

위의 세 학생 이야기를 한 것은 고등학교 3학년에 시작해도 되니까 마음 놓고 있으라는 이야기가 아니야. 공부의 시작은 빠르면 빠를수록 좋거든. 세 학생들이 고등학교 3학년 혹은 만학도가 되어서 다시 시작했던 그 공부를 좀 더 일찍 시작하라는 거야.

그러기 위해서는 자신의 인생과 행복에 대해서 일찍부터 생각해보는 것이 좋아. 행복한 인생을 살고 싶다면 자신을 가장 행복하게 해주는 일을 하고 살면 돼. 그것을 보통 적성이라고 부르지. 하고 싶은 일, 시간가는 줄 모르고 하는 그런 재밌는 일, 남들이 말하는 '쟤는 저 분야에서 타고난 것 같아' 라고 평가해 주는 그런 일 말이야.

그런 적성은 누구나 가지고 있어. 무엇이 나를 행복하게 하는가는 네가 잘 알 거야. 부모님이나 선생님이 나를 잘 알까? 아니 이 세상에서 나를 가장 잘 아는 건 나 자신뿐이야. 그러니 스스로 결정해야 하는 건 당연해. 남들이 대신 결정해줄 수 없어.

그러니 자신의 인생에 대해서 생각해보자. '돈을 벌려면 무엇을 해야 하나'라는 관점보다는 '평생을 무슨 일을 하는 사람으로 살고 싶은가'에 대해 생각해보자. 부모님이 결정해주는 대로 대학과 학과를 선택하지 말고 자신에 대하여 진지하게 생각해보라는 얘기야.

어떤 의미에서 부모님은 자식이 스스로 행복한 인생을 설계하는

데 있어서는 가장 도움이 되지 않는 사람들일지도 몰라. 부모님의 사랑은 조건이 없는 맹목적인 사랑이기 때문에, 사랑하는 자녀들이 방황하고 힘들어하는 것을 보고 싶어 하지 않거든. 그렇게 너무 사랑한 나머지, 자식들이 힘들거나 세상과 싸워가는 모습을 별로 보고 싶어 하지 않으시지. 하지만 그렇게 부모님 생각처럼 세상과 싸워나가는 일, 남들과 경쟁하는 일을 피하게 되면 나의 인생은 행복으로부터 점점 멀어질 수 있어.

어느 정도 자신의 분야에서 성과를 낸 사람들의 인터뷰를 보면 자신의 사랑하는 일에 있어서 누구나 시행착오 내지는 혹독한 시련을 겪었다는 것을 알게 돼. 이렇듯 힘든 과정을 밟는 것이 진정한 행복을 찾는 시작점일 수 있는데, 부모님은 내 자식이 힘든 건 못 보겠으니 피해 다니게 만드는 셈이지. 하지만 부모님이 원하는 순탄한 삶이 인생의 행복을 보장해주는 것은 절대 아니야.

아무리 나를 사랑하는 부모님이라도 내 인생을 끝까지 책임져 줄 수는 없어. 인생은 철저하게 나를 기준으로 이끌어 나가야 하는 거야.

인생의 모든 선택은 자신이 하는 것이며, 그 선택에 대한 책임도 자기 자신이 지는 것임을 명심하길 바래. 그러니 엄마가 재수를 시켜준다고 해서 재수하고, 이거 하라고 해서 이것하고 저거 하라고 해서 저것하고 그러지 말자.

심한 경우 결혼도 엄마 아빠가 정해주는 대로 가는 사람들도 있는데 안타까울 뿐이야. 부모님의 의견은 부디 참고만 하자.

　내 인생 설계는 스스로 하는 거야. 부모님의 도움이 전혀 없다고 생각하고 인생을 고민해보자. 그래야 하루라도 일찍 인생에 대해 진지한 태도를 갖게 되지. 스무 살 근처에 가면 응당 그래야 하는 거라고 생각해.

　일찍 독립하면 그만큼 일찍 세상에 물음을 던지게 되지. 대개는 내가 이 세상에서 어떤 일을 하며 지내야 할까? 같은 생각을 처음으로 진지하게 고민하게 돼. 엄마 아빠라는 의지할 곳을 배제시킨 채 인생을 설계해보면 공부를 해야 하는 이유 또한 쉽게 발견할 것이며, 공부든 일이든 비로소 절실하게 임할 수 있게 될 거야.

　내가 제일 좋아하고 나를 행복하게 해주는 것이 무엇인지, 그 일을 하려면 어느 정도 대학에 어떤 전공을 해야 하는지, 아니면 대학과 관련이 없는지를 생각해보면 그로 인해 지금 당장 내가 해야 할 일이 무엇인지 깨달을 수 있어. 그리고 바로 이런 과정을 통해 진로를 결정할 수 있을 만큼 단단해질 수 있지.

　나의 길, 나의 진로를 진지하게 생각해보고 결정한 사람과 그렇지 않은 사람은 눈빛부터 다를 거야. 만일 내가 원하는 삶에 대학 진학이 필요하다면 열심히 공부하자.

　'열심히'라는 말을 사용할 때마다 생각나는 학생이 있어. 10년 전

즈음 노량진에서 만난 어떤 학생의 이야기야. 이 친구는 말 그대로 정말 열심히 공부하는 그런 친구였어. '열심'이라는 단어를 사람으로 만들 수 있다면 바로 저 친구 같은 모습이지 않을까? 라는 생각이 들 만큼 온종일 공부하고 있더라고. 그런 모습이 신기하기도 해서 어느 날 말을 걸었지.

"넌 어쩜 그렇게 열심히 사니? 그런 동기 부여는 어떻게 받아?"
"제 성적이 그리 좋은 편이 아니어서 목표하는 대학에 입학하려면 이렇게 해야 하거든요."
"노량진에서 공부하는 학생들 대부분이 너와 같은 처지일 텐데. 너는 내가 봤던 친구들 중에 제일 열심히 하는 것 같아."

⚡"제가 1월에 수능 공부를 시작할 때, 이런 생각을 했어요.
11월에 수능을 본 후 60만 수험생 중에 1등을 할 자신은 없지만 이럴 수는 있겠다는 생각이 들었어요.
성적으로는 1등은 못해도, 공부의 양으로는 1등을 할 수 있는 것 아닌가. 그것은 철저히 내 의지 아닌가?"

그런 생각이요. 그래서 그냥, 올해 수능 보는 사람들 중에서 공부한 양으로는 1등을 하자. 이걸 목표로 정했거든요."

"그럼 네가 생각하기에 1월부터 지금까지의 공부 양으로 볼 때 전국 몇 등일 것 같아?"

"1등은 힘들겠지만 분명 5등 안에는 들 수 있을 것 같아요."

그 애와의 대화를 마친 나는 감동은 물론 심지어 존경스럽다는 생각까지 들었지. 소신 있게 답하고 미소 짓던 그 애의 얼굴이 아직 눈에 선한 것 같아. 내 생각은 그래, 바로 이런 느낌이 '열심히'한다는 걸 거야.

7등급에서 2등급이 되고 5, 6등급에서 1등급이 되려면 정말로 독해져야 해. 친구도 끊고 공부에만 매진할 정도로 매정한 사람이 되어야 하지.

가끔 학생들이 내게 "지금 시작해도 가능할까요? 시간이 모자라면 어떻게 해야 하죠?" 라고 묻곤 하는데, 시간이 부족하다면 방법은 딱 두 가지뿐이야. 목표를 낮추거나 시간을 늘리거나 둘 중 하나지.

남들보다 늦게 시작한 만큼 물리적인 시간이 부족하다면 시간을 벌어야 해. 조금 전 그 여학생만큼은 아니더라도 친구들 만날 시간, 카톡 할 시간, 수험생 커뮤니티 사이트를 돌아다닐 시간, 세상 돌아가는 이야기에 관심을 가질 시간, 밥 먹는 시간. 최후의 수단으로는 잠을 잘 시간이라도 줄여서 그 시간을 공부로 메워야 해.

이 말은 무조건 밤을 새워서 공부하라는 이야기가 아니야. 현재의 목표가 높으면 그것에 걸맞은 노력을 하는 것밖에 방법이 없다는 거야. 목표는 높은데 노력이 따라가지 못하니까 불행이 시작되는 거야.

사람의 삶은 제각기 달라. 행복의 기준도 다르고 삶의 가치관도 다르지. 누구나 행복한, 누구나 성적 걱정 없고, 누구나 연봉이 높은 사회를 만들어야 하겠지만 불행하게도 그런 사회는 지구상에 없어. 누구는 하루에 1만 원을 겨우 벌고 누구는 하루에 수억씩 버는 것처럼 누구는 1년간 공부해서 단 1점을 올리고 누구는 수십 점씩 점수를 올리지.

공부해서 대학가기로 마음먹었다면, 수능에 승부를 걸어볼 생각을 했다면, 이왕 시작한 경쟁에서 승자가 되자.

추운 겨울을 이겨내야 봄에 새싹이 돋아나. 오랜 시간 수험생활을 하다 보면 누구나 슬럼프를 만나고, 포기하고 싶어지기도 해. 며칠 동안 끙끙 앓게 되더라도 다시 마음을 추스리고 일어나자. 처음 가졌던 그 마음가짐을 수능 날까지 끌고 가는 사람만이, 끝까시 완주하는 사람만이 1등급을 만들고, 만점을 만들 수 있어.

단 한 번의 수능, 단 한 번의 기적을 위한 100일간의 수학여지도

수학 A형 5등급 -〉 수능 96점

저는 모든 과목이 5~6등급이었습니다. 고등학교 내내 다른 과목 점수를 끌어올리기에 바빠서 항상 수학은 뒷전이었죠. 사실 수학이 제일 막막해서 미뤄둔 것도 있었어요. 수학에 재미를 붙일만 하면 다음 모의고사에서 다른 과목 점수가 떨어지고 다른 과목을 붙잡으면 수학 점수가 바닥을 치는 악순환을 반복했거든요. 그렇게 6월 모의고사까지도 제 수학 점수는 제자리걸음이었죠. 눈앞이 캄캄했습니다.

제가 그때 초록창에 가장 많이 검색했던 건 '인서울 수학 미반영 대학교'였습니다. 수학을 포기한 상태였죠. 그러다가 문득, 아무것도 안 하는 것보다는 뭐라도 하다 보면 지금 점수보다 아주 조금이라도 나아지지 않을까? 라는 생각이 들었습니다.

수능까지 100일, 정말 마지막이라고 마음먹고 정승제 선생님의 강의로 100일치 계획을 짰죠. 〈심한 압축반〉을 반복해서 들으며 제가 부족한 개념을 찾고 〈개때잡〉과 〈취약유형집중공략〉으로 보충했어요. 바로 내일이 수능인 것처럼 하루도 빠짐없이 수학을 팠습니다.

정승제 선생님의 말대로 5단계 복습을 했는데 정말 많은 도움이 되었습니다. 처음 1단계 복습을 할 땐 중학생 동생에게 햄버거를 사줄 테니 앉아라 해서 앞에 앉혀놓고 했어요. 그런데 막상 설명하려고 하니 말문이 턱 막히는 거예요. 그때 깨달았습니다. '아, 내가 이해했다고 넘어갔던 것들이 겉핥기에 불과했구나.' 남을 가르치는 시간이 바로 내가 공부하는 시간이라는 정승제 선생님의 말을 실감했습니다.

그 뒤로는 1단계 복습부터 완벽하게 하려고 했어요. 2단계가 고비였는데, 그래도 꾹 참고 했더니 다음 단계 복습에서는 속도가 붙었습니다. 야자 후 집에 와서 A4용지를 꺼내 오늘 배운 내용들을 다시 점검했습니다. 그렇게 하루하루에 충실하니 등하교 시간에 머릿속에서 저절로 수1 내용이 파노라마처럼 흘러가더라고요. 정승제 선생님만 믿고 따라가니 어느새 수학이 진짜 내 것이 되어 있었습니다.

수능 날 기적 같은 점수를 받고 그동안 참고 버틴 제가 자랑스러웠어요. 그리고 앞으로 살아가면서 못해낼 공부가 없겠다는 자신이 생겼습니다. 정승제 선생님 강의는 수학뿐만 아니라 제 인생의 태도를 바꿔주었습니다.

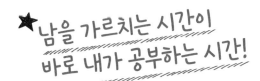

남을 가르치는 시간이 바로 내가 공부하는 시간!

3장

수학 공부의 기술

운동선수들이 제일 먼저 익히는 게 뭔 줄 아니? 그건 바로 기본기야. 그런 다음에 수천 번, 수만 번 같은 동작을 연습하는 거지. 그래야 동작이 몸에 익어 경기를 할 때 자신의 실력으로 발휘되거든.

수학도 마찬가지야. 개념을 익히는 건 기본기에 해당되지. 그렇지만 실전에 적용시키려면 적어도 5번 이상 연습이 필요해. 처음 배울 때 완벽하게 이해된 것처럼 느껴지던 개념도 일주일쯤 지나면 머릿속에 아무것도 남아있지 않거든. 그건 누구나 똑같아. 누구도 예외는 없지.

그래서 수학에서는 복습이 필수적일 수밖에 없어. 복습을 두 번, 세 번 늘려가다가 딱 5번 하잖아? 그럼 그때부터 자신의 것으로 정착되는 거야. 그렇게 내 것이 되어 딱 붙어야만 실전에서 무기로 활용할 수 있어.

그러니 이제부터 수능 실전문제를 통해 연습과정을 반드시 거쳐야 한다는 사실을 기억하자. 완벽한 개념과 피나는 연습, 이것만이 수능 만점을 만들 수 있는 지름길이야.

수학 공부법, 다시 생각하다

1) 성경책과 수학의 정석보다도 많이 팔린 유제풀이집

초등학교, 중학교, 고등학교를 거치며 그동안 우리가 배운 수학 공부의 정점은 명실상부 대학수학능력시험일 거야. 수학능력시험 만점이야말로 공교육 12년과 그 이상의 사교육을 투자해서라도 반드시 얻고 싶은 가장 최고의 열매지. 그러니 공부는 이 열매를 얻기 위한 가장 효율적인 방법을 찾아내는 과정일 거야.

그런데 이 과정 속에서 학생들은 하나의 불행을 밑덕뜨리게 돼. 학교든 학원에서든 수학을 가르치는 방법이 대부분 너무 비슷하다는 거야. 수업 교재가 교과서, 개념서, 문제집으로 달라져도 큰 차이는 없어. 선생님은 새로운 단원을 시작할 때마다 그 단원에서 다루는 내용을 설명해주고 공식을 알려주지. 공식을 다 외우면 다음 단원으로 넘어가는데, 아마 이 레퍼토리는 수능 때까지 계속 반복될 거야.

이차방정식을 배우는 날의 교실을 상상해볼까? 선생님이 칠판 앞에 서서 이차방정식의 정의와 풀이를 설명하고 있을 거야. 그리고 인수분해를 이용하는 방법, 완전제곱식을 이용하는 방법, 근의 공식을 이용하는 방법을 차례로 알려주겠지.

이 수업을 집중해서 듣는 학생이 얼마나 될까? 대부분의 학생은 큰 관심을 보이지 않아. 개념 설명이 끝나고 본격적인 이차방정식의 기본형이 등장하고 나면 선생님은 공식이 도출되는 과정을 설명해줄 거야. 학생들은 딱 이때 집중력을 발휘하기 시작해. 최종적인 결론과 근의 공식만 보고 암기하려 들려고 하거든. 이마저도 선행학습을 통해서 이미 이차방정식 단원을 끝낸 학생들은 어떤 방식이든 여전히 관심이 없어.

이차방정식 $ax^2+bx+c=0$ $(a \neq 0)$의 근은

$$x = \frac{-b \pm \sqrt{b^2-4ac}}{2a}$$

3-1. 이차방정식의 근의 공식

설명과 공식 다음엔 문제풀기의 순서야. 선생님과 공식을 이용해서 가장 기본적인 문제를 풀고 나면 기본 예제가 등장하지. 고민할 필요 없이 공식에 대입하기만 하면 되니까 답은 쉽게 나올 거야.

하지만 산 너머 산이라는 말 알지? 다음 단계는 새로운 유형의 문제가 기다리고 있어. 신유형 문제는 단순히 공식을 대입한다고 풀리지 않아. 생각을 해야 풀리는 문제지.

기본 예제처럼 풀리겠거니 했는데 안 풀리니까 이런 생각이 들어. '이럴 때는 무조건 대입하는 게 아니구나.' 작은 깨달음을 얻고 선생님의 설명을 듣거나 해설지를 보면서 문제를 풀어나가지.

그러는 과정에서 필수예제1, 필수예제2, 필수예제3 등의 풀이 방법을 유형별로 외우는 동시에 신유형 문제도 외운 방법대로 풀어보고 맞으면 다음으로 넘어가면서 외운 것을 확인해. 그렇게 공부하고 나면 연습문제가 나오는데, 보통은 선생님들이 혼자 풀어보면서 복습하라는 의미로 숙제로 내주시지.

학생들은 숙제를 하기 위해 혼자 연습문제를 풀 거야. 1번 문제를 읽었는데, 필수예제나 유제와는 달리 좀 더 어려운 거야. 어떻게 해야 문제가 풀릴까를 생각해봐도 도무지 생각이 안 나지. 생각이 안 난다는 건 머릿속에 생각의 재료가 없다는 걸 의미해. 결론과 공식만 외웠기 때문에 생각할 수 있는 힘이 없는 거지.

학생은 잠시 고민하다가 '이 문제는 어떻게 접근해야 할지 도무지 모르겠네' 하면서 해설지를 펼치는 손쉬운 방법을 선택할 거야.

해설지를 보면 또 이해가 되거든. '아아, 이렇게 푸는 거구나' 하고 풀이방법을 또 외우지. 2번 문제는 조금 변형된 문제지만 가까스로 풀고 넘어가. 그런데 3번 문제는 또 다르네? 색다른 문제여서 전혀 모르겠는 거지. 아마 자연스럽게 해설지를 찾을 거야 그렇게 풀이방법을 또 하나 더 외우겠지.

교과서를 보면서 공부하든 개념서를 보면서 공부하든 많은 학생들이 비슷하게 공부를 해. 기본적인 것에 대한 설명을 듣고 기본문제-기본예제-새로운 유형-필수예제-유제-연습문제까지 책에 나와있는 순서대로 문제를 풀어나갈 거야. 그러다 보면 어느덧 시험이 다가와. 시험 준비를 하려고 예전에 풀었던 문제를 다시 풀어보면 생각보다 잘 안 풀리지. 왜? 잊어버렸거든.

시험기간은 가까워지고 발등에 불 떨어졌으니
했던 공부 방법을 그대로 다시 하는 수밖에는 없을 거야.
'수학은 역시 암기 과목이야' 라는 생각을 하면서
다시 해설지를 펼치는 방법과 문제와 해설지를 번갈아보며
외우는 작업을 다시 반복하지.
하지만 이런 공부법은 의미 없이 고생만 되풀이하는 것과 같아.

고1, 고2 때 암기법으로 공부를 했다고 해도 열심히만 했다면 혼자서 필수예제 정도는 풀 수 있을 거야. 하지만 새로운 유형의 문제나 어려운 문제는 손도 댈 수 없었을 걸. 그 이유는 다른 게 아니야. 공부방법에 문제가 있었다는 거지. 하지만 이런 사실을 모르는 부모님이나 선생님은 학생의 점수를 보고 많이 당황할 거야. '고3 첫 모의고사인데… 얘가 이 점수가 나올 애가 아닌데…' 라는 생각을 하면서 말이야.

1990년대에 재미있는 뉴스가 있었어. 전 세계에서 가장 많이 팔린 베스트셀러 1위는 성경책(Bible)이라는데 우리나라는 성경책보다 『수학의 정석』이 더 많이 팔렸다고 해. 요즘은 개때잡(개념때려잡기), 개념의 신, 완자, 셀파, 개념유형, 수학의 바이블, 우공비, 개념원리, 정석, 숨마쿰라우데 등등 무척 다양한 개념서들이 있지만 1990년대까지만 해도 대부분의 고등학생들이 『수학의 정석』으로만 공부를 했지.

그런데 놀랍게도 『수학의 정석』보다 더 많이 팔린 책이 있있대. 바로 『수학의 정석 유제풀이집』이야. 쉽게 펼쳐볼 수 있도록 2천 원짜리 낱권으로 판매됐었어.

『수학의 정석』보다 유제풀이집이 더 많이 팔렸다는 사실은 그냥 유행이겠거니 넘겨짚을 그런 현상이 아니야. 과거나 지금이나 수학 공부를 하는 방법이 비슷했다는 걸 알려주는 사례지. 지금도 해설 강의나 해설지 없이 공부하지 못하는 친구들이 대부분이니까. 정말로 많은 학생들이 해설지 없으면 공부를 못하겠다고 이야기 해. 하지만 이렇게 유형별 풀이를 암기하는 식으로 공부하면 절대로 실력이 늘지 않아.

실력이 늘지 않으니 문제가 안 풀리는 건 당연한 일인데 혼자서 '나는 머리가 나쁜가봐' 하며 자책하고 좌절하는 친구들을 보면 안타까워. 문제가 안 풀리는 건 머리가 나빠서가 아니라 생각의 재료가 아직 쌓이지 않아서 그런 거야. 생각의 재료는 후천적인 노력으로 얼마든지 만들어낼 수 있어.

⚡ 수학 공부에 있어서 생각의 재료는 진짜 중요해.
그 이유는 생각의 재료가 바로 '완전히 아는 것'을
바탕으로 하는 '완벽한 개념'이기 때문이야.

그렇기 때문에 우리는 아무 도움이 되지 못하는 해설지보다 수학 성적 향상에 엄청난 도움이 될 생각의 재료과 더 친해져야 해.

2) 생각해서 푸는 것이 아니라 기억해서 푸는 시험

고1, 고2 때 내신 시험은 항상 90점을 넘겼는데, 수능 형식의 모의고사에서는 70점~80점대를 맴돌고 1등급이나 만점이 나오지 않는 이유가 뭘까?

그 이유는 간단해. 필수예제 수준의 문제들만 풀 수 있기 때문이야. 필수예제 수준의 문제만 풀 수 있다는 것은 생각해서 푸는 게 아니라 기억해서 푼다는 걸 의미해.

기억력으로 문제를 푸는 학생들은 '이 문제를 어떻게 풀까?'가 아니라 '이 문제 어떻게 풀었더라?'라고 먼저 생각해. 기억해내려고 안간힘을 쓰는 거지. 난 이것이 현재 대한민국 학생들의 수학 공부 방법이자 수학을 못하는 가장 큰 이유라고 생각해.

시간을 엄청나게 소비하면서 점수를 깎아 먹는 정말 휴과적인 방법을 찾는다면 '개념은 공식 암기로 끝!!

필수예제는 유형별 풀이방법 정리하기!' 이 말 그대로 공부하면 돼.

고1 때까지는 선행학습을 했던 것으로 버티며 그럭저럭 점수가 나왔던 학생들도 계속 이렇게 공부한다면 결국 다음 단계에서는 수포자가 될 수밖에 없을 거야. 이렇듯 개념과 원리를 흘려버리고 문제 풀이 암기만 가지고 버티다가는 좋지 않은 결과를 맞이하게 되는 거지. 사고력을 요하는 문제로 들어가면 '도무지 못 풀겠어' 라는 생각이 절로 들면서 수학을 아예 놓아버리고 싶어지거든.

그렇다면 생각의 재료, 수학적 사고력을 키우려면 어떻게 해야 할까? 가장 좋은 방법은 스스로 설명을 해보고 어떤 공식이 활용되는지 그 과정을 직접 말해보면서 익히는 거야. 이것만 해도 수학적 사고력을 키우는 시작 단계에 들어설 수 있어.

> ⚡ 그런데 공식이 나오기까지의 모든 과정을 알아야 하는 이유는
> 뭘까? 그 과정 하나하나가 어려운 문제를 풀 때 사용해야 할
> '생각의 재료들'이 되기 때문이야. 이렇게 모인 생각의 재료들을
> 활용하면 새로운 유형의 고난도 문제에도 접근할 수 있게 돼.

진짜 수학적인 생각을 할 수 있는 단계에 오르는 거지. 공식을 가지고 생각하는 것이 아니라 공식을 유도하는 하나하나의 논리적 과정들을 가지고 그 과정들을 바탕 삼아 생각을 시작하는 거야. 이것이 수학 공부의 출발이자 시작점이지. 이렇게 시작하면 금방 수학의 내공을 쌓을 수 있게 될 거야.

하지만 대부분의 학생들은 정작 익혀야 할 과정은 대충 흘려듣고 공식부터 시작하는 것 같아. 그것 때문에 수학이 어려워지고, 그것 때문에 풀었던 문제는 풀 수 있어도 처음 보는 문제는 풀 수 없는 건데도 말이야. 수학 공부를 하면서 이해가 안 되고 안 풀리고 막힐 때마다 드는 여러 의문을 해소하는 방법은 단 하나, 잘못된 공부 방법을 바꾸는 일이야. 더는 수학을 기억력으로 풀지 말자. 이제 우리, 수학적 사고력을 통해 술술 풀리는 재미있는 공부를 시작할 때야.

3) 문제집 개수에 연연하지 말라

수험생들을 보면 가끔 문제집 욕심이 과한 친구들이 있어. 문제집을 사다가 책상 위에 산더미처럼 쌓아놓지. 스스로 선택해서 산 것도 있겠지만 학원에서 푸는 문제집, 학교에서 다루는 문제집 등 모든 유형을 공부해버리겠다는 필사의 각오를 한 것처럼 보이기도 해. 그렇게 또 한 권 두 권 열심히 풀어서 손때 묻은 문제집을 한쪽에 모아놓으며 그 양만큼 공부를 한 것 같이 뿌듯하기도 할 거야.

그런데 그 친구에게는 미안하지만 문제집 개수와 성적은 비례하지 않아. 문제집 개수에 연연할 필요는 없어.

⚡ 정말 중요한 걸 놓쳐서는 안 돼.

수학은 그 어느 과목보다 양보다 질이라는 말이 잘 어울리는

과목이야. 많이 푸는 게 중요한 게 아니라 정석이든 수학의

바이블이든 문제집 하나라도 제대로 정복하는 것이 중요해.

여기서 정복한다는 말은 다른 뜻이 아니야. 그 문제집 안에 수록되어 있는 모든 문제에 대해서 완벽히 설명할 수 있는 것. "이 문제는 이런 조건들 때문에 이런 방식으로 접근해야 하며 그래서 정답은 이거야"라고 말할 수 있게 되는 것, 그것이 바로 정복의 진정한 정의일 거야.

여러 문제집을 기웃거리지 말고 지구상에 존재하는 단 한 권의 문제집을 골라 우선적으로 파보자. 그 문제집을 완벽하게 정복했음에도 불구하고 수능에서 1등급이 나오지 않는다면 내게 연락해서 따져 물어도 좋아.

단 한 권이라도 그 안에 들어있는 문제의 답이 나오는 과정에 대해 정당성을 부여할 수 있을 만큼 완벽하게 알고 있다면 1등급은 자연스럽게 따라올 거야. 하지만 또 이렇게 오해해서는 안 돼. 문제집 한 권으로 충분하다는 이야기는 아니야.

문제집 개수가 중요한 게 아니라 한 권의 책이라도 완벽하게 끝내는 것이 중요하다는 이야기지. 대충대충 문제집 10권을 푸는 것보

다는 단 한 권의 문제집이라도 제대로 정복하는 것이 수능에는 훨씬 도움이 돼.

하지만 대부분 이렇게 생각하곤 해. '중간고사 전에 문제집 세 권 풀어야 하는데', '수능 전에 10권을 풀어야 하는데…' 그러면서 또 다음 과정을 고민하지. EBS 교재를 예시로 말하자면 수능특강도 완벽하게 못 끝내놓고 수능완성을 고민하는 것과 같고, 수능완성도 완벽하게 못 끝내놓고 파이널 문제집을 풀 생각을 하는 것과 같은 이야기야.

이런 모든 이유들이 합쳐져서 학생들이 싫어하는 과목으로 수학이 NO.1에 등극한 거야. 거기에 압박감까지 더해지니 생각하는 수학이 아니라 외우는 수학을 하게 되는 거지. 이렇게 되면 학생들은 수학 문제에 오직 답만 맞으면 땡이라고 생각하고 연습이나 복습 없이 그저 무조건 다음 문제로 넘어가버리게 돼.

나는 평소 음악을 좋아해. 최근 홍대 근처에 공연장을 오픈했을 만큼 음악을 사랑하지. 수학 이야기를 하다가 갑자기 음악 이야기를 해서 좀 생뚱맞게 느껴질 테지만 그래도 계속 해볼게. 음악을 좋아하다 보니 가수 김건모가 피아노를 치며 노래하는 것을 지켜보는 게 내 인생 최고의 낙이 됐어. 그리고 자연스레 나도 피아노를 치며 노래를 부르고 싶어졌지. 처음엔 악보도 제대로 볼 줄 몰랐지만 최근에 미친 연습을 통해 몇 곡뿐이지만 피아노 반주를 하며 노래를 부를 수 있게 됐어.

하지만 딱 거기까지. 앞으로 몇 년간 연습을 한다 해도 그 실력은 절대 늘지 않을 거야. 아쉽게도 내 인생의 피아노는 여기까지가 끝이라고 생각해. 왜냐고? 암기했으니까. 나는 몇 곡이라도 피아노를 치고 싶어서 단순히 코드만 암기를 했어. 코드에 대한 원리는 물론이고 악보를 읽는 방법도 배우지 않았지. 그저 무식하게 반복 연습해서 노래 하나를 암기했어. 이런 방법으로는 100곡을 연습하든 1,000곡을 연습하든 딱 거기까지일 거야. 화음, 장조, 단조에 대한 이해 없이 오직 암기만 했으니 전혀 응용을 할 수 없거든. 음악에 뛰어난 실력과 개성을 갖추려면 응용이 필수인데, 암기로는 절대 이룰 수 없지.

> ⚡ 수학도 마찬가지야. 완벽히 아는 것에 최선을 다하지 않고
> 문제집 개수를 늘리는 것에만 신경 쓴다면 절대 응용력을
> 키우지 못할 거야. 응용력 없이는 실력도 늘지 않지.

음악, 골프, 농구, 축구, 발레 등 거의 대부분의 분야에서 실력을 쌓는 과정은 비슷해. 우선 기본을 갖춘 다음 연습을 해야 하지. 수학 기본기를 먼저 갖추고 문제 풀이로 연습량을 늘리는 것, 이것이 수학 공부의 정석이야.

4) 수학은 도저히 혼자서는 공부하기 힘든 과목일까? 자기 주도 학습 방법 혹은 비결

수학을 독학하는 것이 불가능한 일은 아니지만 수학은 전적으로 이해하는 과목이기 때문에 독학만으로는 깨우치기 힘든 부분이 많아. 그럴 땐 선생님이 옆에서 코칭을 해주면 효율적으로 공부할 수 있지. 더구나 요즘 학생들에게는 인강(인터넷 강의)이라는 훌륭한 무기가 있잖아? 이해가 안 되면 반복해서 볼 수도 있고, 필요한 부분만 골라서 들을 수도 있고, 모르는 것은 학습 Q&A 게시판을 통해 필요할 때마다 질문을 할 수도 있어. 요즘엔 유튜브나 인스타그램을 통해서 선생님과의 꾸준한 소통도 가능하지.

혼자 공부를 하든 누군가의 도움을 받으면서 공부하든 수학을 잘하기 위해서는 개념을 완벽하게 이해하는 것에 가장 신경을 써야 해.

그다음은 고난도 문제 풀이로 넘어가는 거지. 자신이 개념을 완벽하게 아는지를 한번 테스트 해보고 싶다면 다른 사람을 가르칠 수 있겠는지 판단해보면 돼. 만일 다른 사람에게 막힘없이 설명할 수 있다면 '아는 세계'로 들어온 거야. 그때부터는 고난이도 문제를 연습하는 단계로 들어가도 좋아.

언제나 다음 단계로 넘어가는 기준은 개념의 유무여아 해. 고난이도 문제를 연습하는 단계로 들어갈 것인지 말 것인지를 결정하기 위해서는 우선 '과연 내가 제대로 개념을 이해했는가?' 라는 질문에 답을 할 수 있어야 해.

　같은 점수대의 학생이라도 개념이 탄탄한 친구와 그렇지 않은 친구가 있어. 또 개념정리는 충분하지만 연습이 부족해서 7, 80점대에 머물러 있는 친구, 반대로 개념정리는 부족한데 문제를 엄청 많이 풀어서 7, 80점까지 끌어올린 친구도 있지. 그런가 하면 해설지와 해설 강의의 활용법을 몰라 정체기에 빠진 친구도 있어.

> ⚡ 만약 자신이 모의고사에서 70점 내지 80점, 3등급 내지 2등급을
> 받으면서 그 이상의 성적대로 올라가지 못한다면
> 자신의 현재 상태를 점검해봐야 해. 개념이 되어 있는지 안 되어
> 있는지에 따라 해결 방법이 다르기 때문이야.

　무엇이 부족한지는 선생님이 알려줄 수 없어. 오히려 다른 사람이 판단하는 게 더 부정확할 수 있어. 그러니 반드시 스스로 파악해야 해.

　만약 개념조차 안 되어 있다면 개념을 공부해야 성적이 오르고, 개념에 문제가 없다면 문제 접근 방식을 달리해야 점수가 올라. 내스스로 개념이 되어 있고 없고를 판별하는 기준은 타인을 가르쳐보는 방법이 가장 빠르고 정확하다는 걸 잊지 말자.

5) 아는 세계, 그쪽 세계로 들어오라

수학 공부를 한다는 것은 곧 생각한다는 것과 같은 이야기야. 앞에서도 이야기했지만, 수학은 생각하고 고민하는 과목이거든.

예를 들어, 중학생이 되면 이등변삼각형의 성질을 공부해. 이등변삼각형에서 꼭지각의 이등분선이 밑변을 수직이등분한다는 것은 대부분의 수험생이 아는 사실이지. 내신 5등급인 학생들도 알고 있는 내용이야. 내가 아는 한 그걸 모르는 학생은 한 손에 꼽을 만큼 그 수가 적었어. 그만큼 유명한 명제지.

그런데 말이야, 진짜 말도 안 되게 놀랍고 어이없고 황당하게도, 많은 학생들이 그 명제가 '왜 그렇게 되는 것인지'는 전혀 모르고 있었어. 왜 꼭지각의 이등분선이 밑변을 수직이등분하는지 그 이유를 아는 학생이 없었지. 몇 번을 물어봐도 마찬가지였어.

더 이상한 건 대부분의 학생이 그 이유에 대해 1도 관심을 가지지 않는다는 거야. 사실 이건 알고 모르고의 문제를 떠나 태도의 문제이기도 해. 단 몇십 초만 투자하면 알 수 있는 부분인데, 생각도 의문도 호기심도 관심도 없지.

그런데 한편으로는 어떤 학생이 이등변삼각형을 오래 들여다보면서 생각하고 있거나 이등변삼각형을 만들어보려고 가위로 종이를 오리고 있다면 어떨까? 아마 선생님이나 엄마에게 한 소리를 들을 작정을 해야 할 거야.

"공부하기 싫으니까 종이나 오리면서 쓸데없는 짓 하고 있니?"

현실이 그래. 이등변삼각형 놓고 고민하는 학생이 아니라 이등변삼각형의 성질을 얼른 외워서 문제를 바로바로 푸는 아이가 칭찬을 받지. 하지만 이렇게 생각하는 과정을 건너뛰어 버리고 결론만 암기하면 치명적인 결과를 낳게 돼.

> ⚡ 만약 그 이등변삼각형의 성질을 하나하나 따져가며
> 왜 그렇게 되는지를 직접 터득했다면
> 아마 평생 동안 이등변삼각형의 성질을 절대 잊지 않을 거야.

그래서 정말 현명한 엄마는 아이에게 "이등변삼각형은 왜 그런 성질을 가져? 엄마 좀 가르쳐줘"라고 이야기할 거야. 그러면 그 아이는 누군가의 질문에 설명하기 위해 머리를 쓰기 시작할 거야. 먼저 내가 이해가 안 되면 설명도 해줄 수 없으니 스스로 고민하고 생각하겠지.

혼자 미리 이등변삼각형을 그려보기도 하고 꼭지각의 이등분선을 그어서 생기는 두 삼각형의 합동을 증명해보기도 하겠지. 끝내 자신 있는 표정을 지으며 상대방에게 이렇게 설명할 거야. "봐, 이렇게 하면 두 삼각형이 합동이지? 합동인 두 삼각형에서 대응하는 두

각과 두 변의 길이는 같을 테니 당연히 수직이등분선일 수밖에 없어."

이로써 이 아이는 이등변삼각형에 대해 제대로 알게 됐어.

> ⚡ 사실 모든 수학과정은 이렇게 알고 공부해야 해야 해.
> 생각하고 설명해서 제대로 아는 과정을 계속 거듭하면
> 진짜 어려운 문제도 해결할 수 있는 힘을 기를 수 있어.

결과와 문제 풀이만 암기하는 방식으로 공부하면 고2를 지나 고3이 되고 수능이 다가올수록 가슴속에 알 수 없는 답답함이 쌓일 수밖에 없어. 나름대로 공부를 하는데도 불구하고 모의고사만 보면 늘 일정한 점수대 이상으로 치고 올라가지 못하는 자신이 보이기 때문이야.

그 상태로 시간이 지나면 수학을 포기하는 친구도 생길 것이고, 기출 문제를 덜 풀어서 그렇다며 시중의 온갖 기출 문제집을 사 모으는 친구도 생길 것이고, 고민 끝에 자신의 문제점을 깨달은 친구도 있을 거야.

그중에서 가장 안타까운 건 잘못된 점을 알면서도 안(못) 고치는 친구야. 문제점을 안다고 해도 고등학교 3학년이기 때문에 애써 외

면해버리는 친구들이 꽤 많아. 문제를 깨달은 그때라도 '아는 세계' 쪽으로 한 발만 움직이면 되는데 그러지는 않고 기출 문제만 주구장창 풀지. 하지만 기출 문제를 아무리 많이 풀어도 문제는 해결되지 않아.

유일한 해결책은 아는 세계, 즉 모든 것을 알고 푸는 세계로 들어가는 거야. 여기서 이야기하는 '아는 세계(그쪽 세계)'란 개념을 제대로 익히고 단계별로 공부해서 모두 알고 푸는 세계라고 할 수 있어. 수학에 재미를 느끼고 출제자와 밀당을 하는 진짜 생각하는 수학을 하는 세계지. 이 세계에 들어가야지만 벽처럼 막혀있던 지금의 성적에서 벗어나 1등급으로 치고 올라갈 수 있어. 더 나아가 수능 수학 만점으로 향하는 길도 활짝 열리지.

나는 인강 업계에서도 상당히 독특한 위치에 있는 편이야. 선행 학습에 대해 부정적인 견해를 가지고 있을 뿐만 아니라 아는 세계 혹은 그쪽 세계로 들어와야 한다고 끊임없이 주장하는 몇 안 되는 강사이기 때문이야. 학생들에게 불안에 떨지 말고 그쪽 세계로 들어가라고 쉼 없이 주장하니까 내 이야기를 듣고 솔깃해 하는 학생들이 많아.

하지만 이 학생들은 그쪽 세계로 들어가고 싶어 하면서도 그쪽 세계로 가려면 거쳐야 할 필수적인 관문 앞에서 망설이지. 학생들이 망설이는 건 시간 때문이야. '안다'는 것은 '개념을 모두 안다'는 의미인데, 개념을 모두 때려잡기 위해서는 얼마간의 시간이 필요해.

그래서 '난 고3이라(혹은 재수생이라) 기출 문제 풀고 다른 과목들 공부하기에도 시간이 부족한데, 돌아가서 개념을 하고 있어도 될까? 정말 그래도 될까?' 라고 속으로 자꾸 묻게 되는 거지.

이 친구들에게 해주고 싶은 말은 이거야. "용기를 내자!" 태도 딱 하나만 바꾸면 시간이 그리 오래 걸리는 것도 아니야. 개인에 따라 두 달 혹은 세 달이 걸릴 수도 있겠지만 그 시간만큼만 제대로 공부하면 반드시 바뀔 수 있어. 12월에 수능 성적표를 받고 행복해할 너의 모습을 그려보자. 너도 할 수 있어.

⚡ 이미 고3이라고? 이미 3월 모의고사를 치렀거나 6월 모의고사까지 치렀다고?

그렇다고 해도 자신의 수능 수학 점수를 업그레이드 시키고 싶다면 반드시 '그쪽 세계'로 들어가야 해.

요즘 나는 한 가지 딜레마에 빠져있어. 여기서 딜레마는 선택해야 할 길이 두 가지 중 하나로 정해져있는데 이느 한쪽을 선택해도 좋은 결과를 보기 힘든 곤란한 상황을 뜻해.

내 딜레마는 "태도를 바꿔라, 개념을 완벽하게 익혀라!"하고 개념을 강조하면 수능시험 볼 때까지 계속 개념 공부만 하는 친구들이 생긴다는 거야. 그다음 단계인 연습은 도통하지 않고 개념 공부만 쭉 하는 거지.

기본기가 아무리 완벽해도 피나는 연습 없이는 수학계의 박태환 선수나 김연아 선수가 될 수 없어. 박태환 선수나 발레리나 강수진 씨, 김연아 선수가 이룬 값진 성과를 생각해봐. 그것이 과연 기본기만으로 만들 수 있는 성과였을까? 물론 아닐 거야. 그들은 기본기를 바탕으로 더욱더 피나는 연습을 했지.

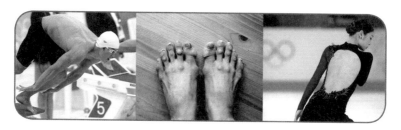

3-2. 박태환, 강수진, 김연아의 노력의 흔적

사진을 순서대로 살펴보자. 왼쪽부터 박태환 선수의 몸 근육, 발레리나 강수진의 발, 김연아 선수의 등 근육을 봐봐. 우리가 그 분야에서 바로 떠올릴 수 있을 만큼 큰 업적을 이룬 사람들을 자세히 보면 모두 피나는 노력을 했다는 걸 알 수 있어. 공부도 다르지 않아.

만약 네가 운동선수를 택하지 않고, 발레리나가 되는 길을 택하지 않고, 공부해서 대학에 가려고 결심했다면 공부에 집중하자. 박태환 · 강수진 · 김연아도 처음부터 세계 최고의 실력을 가졌던 건 아니야. 그들도 우리처럼 기본을 쌓던 때가 있었을 거야. 기본을 쌓는 연습을 소홀히 하지 않았기에 지금의 그들이 있지. 그러니 우리도 개념을 소홀히 하지 말자.

개념을 제대로 아는 것은 정말 기본 중에 기본일 뿐이야. 기본은 물론 기출 문제와 신유형 문제, 고난도 문제를 친구 삼아 풀고 또 풀어야 해. 그렇게 연습과 반성의 과정을 반복해야만 성적이 오르는 거야. 쉽게 얻어지는 건 세상에 결코 없어.

수학은 개념에서 시작한다? 이것이 진짜 개념

1) 개념에 대한 착각, '이렇다'가 아니라 '왜 이렇게 되는가'가 개념이다

고1 때 이차함수를 공부하고 나면 '근의 분리' 라는 것을 배우게 돼. 근의 분리는 이차함수의 그래프를 이용해서 이차방정식의 근의 존재 범위를 따지는 문제야. 나중에 미적분에서도 삼차함수와 사차함수를 통해 다루어지는 중요한 개념 중 하나지.

그런데 학생들이 근의 분리 문제를 워낙 어려워하다 보니 공식으로 설명을 하는 경우가 많아. 두 근 모두 1보다 클 조건, 두 근 모두 3보다 작을 조건, 두 근 사이에 −1이 올 조건 등을 외우게 하지.

선생님들은 일단 세 가지를 따지라고 하면서 '함판대'를 외우라고 해. 함판대는 **함**숫값의 부호, **판**별식이 0보다 크거나 같다, **대**칭축의 위치 이 세 단어의 앞 글자를 따온 말이야.

♥⚡학생들은 옳다구나 하면서 함판대, 함판대, 함판대… 하면서 외우기 시작해. 하지만 이렇게 열심히 외워도 실제 문제를 풀어보라고 하면 틀리는 학생들이 부지기수야.

반면, 나는 근의 분리 문제를 가르칠 때 학생들에게 꼭 이렇게 말해. "너희들 미적분에 대해서 들어보지 않았니? 미적분의 시작이 바로 지금이야."

어떤 함수의 그래프 개형을 그릴 수 있게 해주는 도구 중 하나가 미적분이야. 미분을 할 줄 알아야 그래프의 생김새를 예측할 수 있고 이를 바탕으로 문제를 해결하게 되지.

미적분의 시작은 이차함수라고 할 수 있어. 이차함수와 x축의 위치관계에 대하여 여러 가지 조건들을 고민해봐야 근의 분리 문제를 정확하게 정복할 수 있게 되지.

하지만 학생들은 앞에서 이야기했던 이등변삼각형의 경우처럼 무관심하기만 해. 함숫값의 부호, 판별식은 0보다 크거나 같다, 대칭축의 위치를 따진다라는 개념을 '함판대'라고 축약해가며 외우면서도 이 세 가지를 따져봐야 한다는 생각은 절대 하지 않아. 질문하지도 않지. '왜 한 가지도 아니고, 두 가지도 아니고, 세 가지를 다 따져봐야 하지?' 라는 의문도 가져보고 생각도 해봐야 하는데, 그냥 세 가지를 따져야 한다는 것만 기억해버리고 땡. 고민의 과정이 전혀 없어.

그로부터 1년이 지나 고2가 되면 미분을 공부하는데, 이때 삼차함수와 사차함수를 다루게 돼. 미분이라는 도구를 이용해서 삼차함수의 그래프의 생김새를 따져가며 풀어야 하는 문제가 대부분이지. 하지만 이차함수에서 근의 분리를 공부할 때 세 가지를 따져야 하는 이유를 고민해본 적이 없는 친구들은 이 삼차함수를 기점으로 철저히 무너지는 걸 볼 수 있어. 삼차함수부터는 공식이 없거든. 이차함수까지는 풀이 패턴을 공식으로 만들 수 있지만 삼차함수부터는 그래프의 생김새가 너무나 다양해서 풀이 공식을 만들 수가 없기 때문이지.

그때부터 멘탈이 흔들리게 돼. '어라? 이제는 외우는 것이 불가능하네? 큰일 났다!' 외울 수도 없고 문제도 이해가 안 되니까 이때부터 수학이 정말정말 어려워지지.

이렇게 삼차함수에 적응하지 못하는 친구들은 대부분 고1 때 근의 분리를 소홀히 여겼던 경우가 많아. 다음 단계로 넘어가려면 그래프의 생김새를 가지고 이리저리 생각해보고 실패해보는 과정이 있었어야 했는데 그게 생략되니까 이런 결과로 이어지는 거지.

만약 그 당시 충분히 고민을 해본 친구였더라면 정말 어렵지 않게 넘어갈 수 있었을 거야. 삼차함수 역시 같은 방식으로 몇 가지 요소만 더 고려하면 되거든.

여기서 내가 강조하는 개념은, 세 가지를 따진다가 아니라 '왜 세 가지를 따져야 하는가'야. 왜 두 가지만 따지면 안 되지? 하필이면 왜 세 가지일까? 라는 생각으로 이어가면서 그 이유를 알아내기 위해 머리를 써야지. 이유를 모르면 당황할 수밖에 없어. 그래프를 가지고 한 번도 고민을 해본 적도 없는데, 갑자기 미분이라니? 미분을 처음 배우는 친구들은 크게 동요할 수밖에 없지. 근데 그런 학생들을 앞에 둔 나도 당황스러운 건 마찬가지야.

"아니, 너희들에게 미분이라는 초특급 도구를 쥤는데도 왜 이길 못 풀어?"

"이건 안 가르쳐줬잖아요. 어떻게 풀어요!"

그 학생의 말을 번역하자면 '선생님이 먼저 풀어줘봐요'가 아닐까? 내가 풀어주면 그걸 자신이 따라 풀면서 풀이방법을 외우겠다…라는 생각을 가지고 있는 거지. 황당해서 한 질문이었는데, 오히려 답답한 대답이 돌아오는 게 강의실 안의 현실이야.

이런 사태가 생기는 이유가 뭘까? 앞에서 이야기한 이유와 다르지 않아. 우리가 수학을 공부할 때 생각하는 습관을 기르지 않았고 오히려 오랫동안 생각하는 것을 바보 같은 모습이라고 치부해버렸기 때문이지. 문제를 읽자마자 바로 풀어내야 한다는 잘못된 고정관념이 학생들을 이렇게 만든 게 아닐까?

돌아보면 중학교 때부터 수학 시험에서는 '왜 그렇지?'라는 과정이 철저히 배제되어 있어. 왜 그렇게 되는지 아무도 관심을 가지지 않고, 심지어 학교 선생님들조차 물어보지 않지. 모든 중간고사와 기말고사는 그저 답을 낼 수 있는지 없는지 딱 그것만 평가하고.

대한민국의 수학 문제집들도 'k의 범위를 찾아라'라는 문제의 해결이 중요하지, 왜 그렇게 될 수밖에 없는지 따져볼 수 있는 기회를 제공하는 문제집은 전혀 없어. 그저 조금씩 다른 유형의 문제만 수십 개가 수록되어 있을 뿐이야.

사실 이 책에 나오는 예시 문제들은 평소에 우리가 '왜'를 따져서 생각하고 고민했더라면 모두 쉽게 풀 수 있는 문제들이야. 즉 알맹이만 알면 껍데기는 수십, 수백 개여도 상관없는 거지.

내가 처음부터 다시 해야 한다고 주장하는 것은 이런 이유에서야. 왜 그렇게 풀어야 하는지 완벽히 이유를 알고 푸는 것, 이게 바로 수학 공부의 본질이야.

💡 개념이라는 건 바로 그런 거야.

'세 가지를 따져야 한다'가 아니라

'왜 세 가지를 따져야 하는가?'를 생각하는 것.

그것이 수능 시험에서, 내신 시험에서, 나와의 싸움에서 이기기 위해 진짜 알고 있어야 하는 핵심이고 진짜 개념인 거야.

2) 이유만 알면 수학이 너무 쉬워진다. 이유를 아는 세상으로 오라

수학 공부를 하는 학생들이 유독 싫어하는 단원 중에 삼각함수라는 단원이 있어. 왜 싫어하냐고? 일단 공식이 너무 많아. 그리고 그 공식을 달달 외워도 절대 안 풀려. 생각만 해도 싫어지지? 공식을 아는데도 풀리지 않는 이유는 조금 전 사례와 아주 똑같아.

삼각함수와 관련된 문제는 대부분 그 공식이 어디서 나왔는지 모르면 풀 수 없는 응용문제이기 때문이야. 하지만 대부분이 학생들은 평소 수학 공부를 할 때 왜 그렇게 되는지 전혀 관심이 없기 때문에 당연히 응용 또한 할 수 없는 거지.

심지어는 삼각함수 문제를 풀면서도 사인(sin)과 코사인(cos)의 정의를 모르는 경우도 많아. 그렇게 단어의 정의도 모르면서 삼각함수 덧셈정리를 열심히 외우고 사인법칙, 코사인법칙을 외워. 그리고 제1사분면의 각부터 제4사분면의 각까지의 $\sin\theta$, $\cos\theta$, $\tan\theta$의 부호를 '올싸탄코'로 줄이고, 더 쉽게 '얼싸안고'로 바꿔서 외우지. 학생들은 이유도 모르면서 일단 막 외워. 왠지 이것만 외우면 무슨 문제든 풀 수 있을 것 같거든. 하지만 그건 착각이야. 오히려 머리 아프게 외우지 않아도 되는 더 쉬운 방법이 있어.

삼각함수라는 문제를 풀기 위한 열쇠는 의외로 정말 간단해. 그건 바로 정의를 아는 거야.

sin과 cos의 정의만 정확히 알고 있으면 모든 문제가 정말 쉬워지는 걸 알 수 있을 거야. 얼싸안고를 암기하지 않아도 풀 수 있지. 그리고 그 정의는 그래프를 보며 잠깐만 설명을 들으면 누구나 이해할 만큼 쉬워.

속는 셈 치고 내 설명을 잘 따라와봐. 술술 따라 읽기만 해도 충분히 이해가 될 거야.

일단 sin의 정의는 y좌표이고, cos정의는 x좌표야. sin이 y좌표이고, cos이 x좌표라는 것은 정의이기 때문에 증명할 필요는 없어. 그냥 그렇게 정한 거야.

$\sin\theta$의 정의를 정확하게 말하면 중심이 원점이고 반지름의 길이

가 1인 단위원과 θ를 나타내는 동경과의 교점의 y좌표야. 그냥 쉽게 y좌표인 거지. 단위원은 반지름이 1인 원을, 동경은 원점에서 각을 나타내게 하는 반직선을 의미해. $\cos\theta$는 단위원과 동경과의 교점의 x좌표지. $\tan\theta$는 동경의 기울기를 말하며 그 값은 $\frac{\sin\theta}{\cos\theta}$ 이 돼.

자 이제 올싸탄코가 어디서 나온 건지를 설명해줄게.

x축과 y축의 교점을 중심으로 단위원을 그리면 단위원은 제1사분면, 제2사분면, 제3사분면, 제4사분면에 고루 위치하게 될 거야.

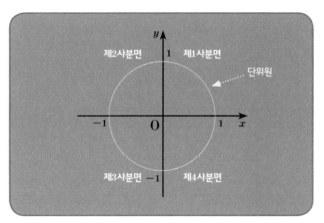

3-3. 올싸탄코

이제 제1사분면의 각 θ에서의 $\sin\theta$, $\tan\theta$, 값의 부호를 알아보자. 그림을 보면 제1사분면에서 단위원과 동경과의 교점의 y좌표($\sin\theta$)를 보면 x축보다 위에 있으니까 양수, 교점의 x좌표($\cos\theta$)를 보면 y

축보다 오른쪽에 있으니까 양수지. $\sin\theta$는 단위원과 동경과의 교점의 y좌표이고 $\cos\theta$는 단위원과 동경과의 교점의 x좌표니까, 제1사분면에서는 $\sin\theta$와 $\cos\theta$가 모두 양수야. 또한 $\tan\theta = \dfrac{\sin\theta}{\cos\theta} = \dfrac{양수}{양수} > 0$이기 때문에 양수가 돼. 이를 $\sin\theta$, $\cos\theta$, $\tan\theta$ 모두 양수라는 뜻에서 「올(all)」이라 외우면 끝.

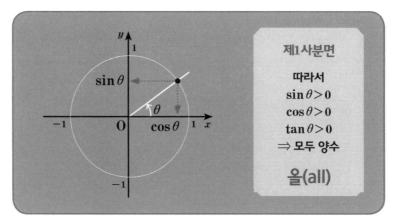

3-4-1. all「올」

　같은 방법으로 제2사분면, 제3사분면, 제4사분면에서도 아래 그림과 같이 $\sin\theta$, $\cos\theta$, $\tan\theta$의 부호를 살펴보면, 제2사분면에서는 $\sin\theta$만 양수가 되니까 「싸」, 제3사분면에서는 $\tan\theta$만 양수가 되니까 「탄」, 제4사분면에서는 $\cos\theta$만 양수가 되니까 「코」, 그래서 합쳐서 부르면 올싸탄코가 되는 거야.

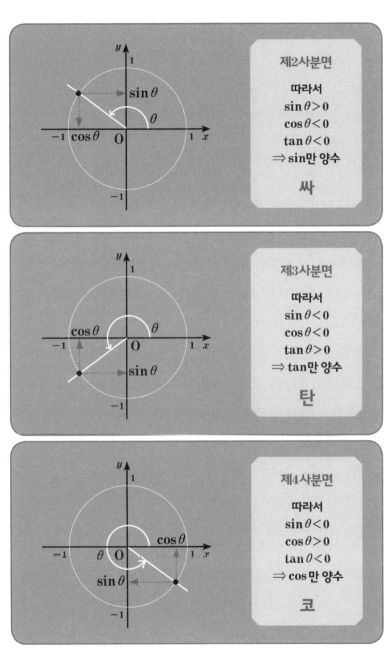

올싸탄코가 얼른 외워지지 않으니까 얼싸안고로 바꿔 외우는 것이고 그렇게 암기하다 보니 얼싸안고에서 껴안는다는 의미만 차용해서 "아, 껴안고, 껴안고!"라고 한다는 우스갯소리도 있지. 나는 이 이야기가 우리나라 수학 교육의 문제점을 드러낸 대표적인 사례라고 생각해.

공부 좀 한다는 학생들, 말하자면 이과수학 2등급이나 문과수학 1등급인 학생들조차 올싸탄코라고 외워서 문제만 풀 뿐이거든. 왜 올싸탄코인지를 잘 몰라. $\sin\theta$과 $\cos\theta$의 정의를 모르고 올싸탄코의 본래 의미를 모르니까 그토록 수고스럽게 외워서 해결하지. '왜 올싸탄코가 나오는지 서술하라'는 시험은 어디에도 나오지 않기 때문이야.

올싸탄코의 속뜻을 알면 사인과 코사인의 정의를 가지고 각 바꾸기 공식을 만들 수 있어. 거기에서 파생되는 공식이 자그마치 36가지야. 36가지의 공식을 다 외우려면 얼마나 힘들까? 그런데도 학생들은 이 많은 공식들을 헷갈려 하면서도 외우려고 애를 써. $\sin\theta$과 $\cos\theta$의 정의만 알고 있어도 36가지 공식을 단 세 가지 공식으로 줄여서 생각할 수 있는데 말이야. 각 바꾸기 공식뿐만 아니라 삼각함수 덧셈정리도 여기에서 나오거든.

이 많은 공식을 외울 것인가, 이해할 것인가? 라는 질문에

> 이 많은 공식을 외울 것인가, 이해할 것인가? 라는 질문에
> 답은 간단해. 공식은 원리를 여러 번 설명하다 보면
> 자연스럽게 외워지는 거야. 결코 애써서 암기하는 게 아니야.

여기, 고등학교 과정을 선행학습하고 있는 초등학교 5학년 아이가 있다고 하자. 누군가 이 아이에게 "제2사분면에서 $\sin\theta$의 값이 양수니, 음수니?"라고 물어봤을 때 아이는 즉각 "양수예요"라고 대답을 해. 엄마들은 아이의 대답에 화들짝 놀라며 칭찬을 할 거야. "세상에, 초등학생이 고등학교 수학을 할 줄 아네!"

정작 아이는 $\sin$의 정의도 알지 못한 채 선행학습을 하면서 외웠던 얼싸안고라는 공식을 하나 떠올렸을 뿐인데 말이야. 엄마들은 어린 아이가 고등학교 수학을 할 줄 안다면서 감탄을 하지.

하지만 그 아이에게 왜 양수냐고 물어보면 아마 이런 답이 돌아올 거야. "선생님이 양수라고 그랬어요." 이걸 진짜 수학을 할 줄 아는 거라 말할 수 있을까? 대부분의 선행학습을 가르치는 학원은 얼싸안고처럼 외우기 쉽게 공식을 가르쳐주고 문제를 풀게 해. 그렇게 주구장창 문제를 풀다 보면 그저 훈련이 되는 거지. 이유도 의미도 모른 채 그저 공식을 외우고 문제를 푸는 건 정말 안다고 말할 수 없어.

개념은 왜 그렇게 되는지 논리적으로 설명할 수 있는 능력을 길러줘. 하지만 학생들이 외워서 아는 얼싸안고와 같은 공식들은 개념

3장 수학 공부의 기술 **217**

이 아니기 때문에 그런 힘이 없어. 답을 말할 순 있어도 이유는 설명할 수 없으니 조금만 다르게 응용된 문제가 나오면 손도 못 대는 거야.

그러니 이제부터 수학을 대하는 태도를 조금만 바꿔보자. 개념을 안다면 모든 문제를 꿰뚫어볼 수 있는 슈퍼 파워를 얻을 수 있어. 개념이 지니고 있는 그 능력을 내 것으로 만들어 기르는 일은 생각보다 쉽고 간단해.

그런데 학교에서는 개념을 안 가르쳐줬을까? 당연히 가르쳐주지. 배우는 모든 공식의 원리와 그 이유에 대해서 수업 시간에 선생님이 모두 설명해줘. 다만 학생들이 시험에는 나오지 않으니까 설명해줄 때 한쪽 귀로 흘려듣고 결론만 외우는 거지.

선생님이 칠판에 열심히 그리면서 설명할 때는 안 듣고 있다가 선생님이 돌아보면 공부하는 척하는 학생들, 이유를 설명할 때는 흘려듣고 결과만 외우는 학생들은 결국 '이유를 알 수 없는 세상'에 쭉 머물게 되지. 딴짓하며 꼭 알아야 할 기본을 그대로 공기 중에 흘려버리는 학생들이 많아서 마음이 아플 뿐이야.

여기서 한 가지 알아둘 사항이 있어. 수학 선생님은 수학공식을 외운 사람이 아니라 아는 사람이라는 거야. 그래서 학생들을 가르칠 수 있는 거지. 학생들도 생각의 방향을 조금만 바꾼다면, 조금만 다르게 공부한다면 선생님처럼 다른 학생들을 가르칠 수도 있을 거야. 왜 이런 결과와 공식이 나왔는지 그 이유를 알면 수학은 훨씬 쉬워져.

'이유를 아는 세상' 그 세상에 꼭 들어가겠다는 목표를 세워보자. 그 세상에 있는 사람들은 수학 문제를 명쾌하게 풀 수 있을 뿐만 아니라 삶을 살아갈 때에도 폭넓게 상황을 헤아리고 판단할 수 있는 능력을 갖게 돼. 이를 바탕으로 스스로에게 유익한 상황을 만들 수 있는 가능성을 얻게 되지.

예를 들어 지진이 일어나서 땅이 흔들리고 건물이 무너지는 것, 길을 걷다가 넘어지는 것, 천둥 번개가 치는 것 등등 세상에서 일어나는 일들에 대해 좀 더 깊이 이해할 수 있게 돼. 모든 일에는 이유가 있는데, 그 이유들은 거의 대부분 수학적으로 해석이 가능하거든. 그렇기 때문에 수학을 세상이 돌아가는 이치라고 말할 수 있는 거야. 수학을 공부하다 보면 삶에 대한 태도가 겸손해지고 펼쳐지는 삶 가운데서 합리적인 판단을 내릴 수 있게 돼.

⚡ 수학에서 얻을 수 있는 이 모든 것들은 '이유를 알고자 하는' 마음과 태도에서 나오는 거야. 이 모든 것을 놓치고 결과와 공식만 가지고 간다면, 수학에서 얻을 수 있는 백 가지 열매 중에서 한두 가지만 얻는 것과 다름없어.

어쩌면 지금 이때가 수학에 대한 생각을 바꿀 수 있는 평생 단한 번의 기회일지도 몰라. 백 가지를 알 수 있는 기회인데 그중 두가지만 가져간다면 훗날 분명 아쉽지 않을까? 그러니 지금, 수학에 대한 태도를 바꿔보자. 수학이 너의 삶을 훨씬 이롭게 만들어줄거야.

❸ 최소한 5단계 복습은 해야지!

1) 5단계 복습이 필요한 이유

컴퓨터는 어떤 자료나 데이터를 입력하면 일부러 삭제하기 전까지는 그대로 남아있지. 하지만 사람의 뇌는 컴퓨터와 달라. 기억하는 순간부터 잊어버리기 시작해. 100가지를 공부하면 공부가 다 끝나기도 전에 일부는 이미 뇌에서 사라지고 있다고 볼 수 있어. 고생해서 공부한 것들이 사라진다니 안타까운 일이지. 그러니 우리에게 중요한 건 공부했던 것들이 기억 저편으로 완전히 사라지기 전에 붙잡는 거야. 그 붙잡는 과정이 바로 복습이지.

독일의 심리학자인 헤르만 에빙하우스(Hermann Ebbinghaus)는 망각곡선 이론을 통해 실제 우리에게 일어나고 있는 망각의 단계를 보여줬어. 그의 이론에 따르면 사람은 학습한 지 1시간이 지나면 공부한 것의 절반을 잊어버린다고 해. 하루 뒤에는 70%가 기억에서 사라지고 한 달 뒤에는 80%의 내용이 기억에서 사라지지. 따라서 공부한 것을 제대로 기억하기 위해서는 반드시 적절한 간격으로 반복학습이 이루어져야 한다는 이야기야.

내가 항상 '5단계 복습'을 권하는 이유는, 이 방법이 우리가 공부한 것들을 모두 내 것으로 만들 수 있는 가장 효과적인 학습법이기 때문이야. 특히 반복학습을 할 때 가장 좋은 방법은 공부한 것을 다시 한 번 읽어보는 것이 아니라 누군가에게 가르쳐보는 거야. 나는 내가 실제로 해보고 큰 효과를 봤으니 아는 거지만 실제로 많은 전문가가 이 방법을 추천해.

일례로 미국 행동과학연구소 NTL(National Training Laboratories)에서 학습에 가장 효과적인 방법이 무엇인지를 연구를 한 적이 있어. 이 연구에서는 학습효율피라미드(Leaning Pyramid)라는 용어가 등장

하는데, 이게 뭔지 알면 왜 우리가 누군가를 가르치는 방식으로 공
부를 해야 하는지 금방 이해할 수 있을 거야.

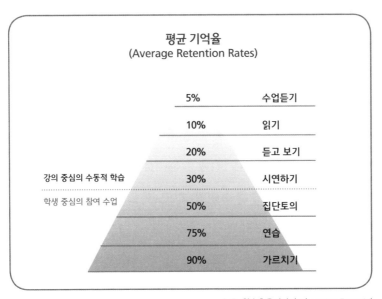

평균 기억율
(Average Retention Rates)

	5%	수업듣기
	10%	읽기
	20%	듣고 보기
강의 중심의 수동적 학습	30%	시연하기
학생 중심의 참여 수업	50%	집단토의
	75%	연습
	90%	가르치기

3-5. 학습효율피라미드(Leaning Pyramid)

　그림을 볼까? 이 삼각형은 공부한 지 24시간이 지난 후에 머릿
속에 학습 내용이 얼마나 남아있는가를 학습방법별로 연구한 거야.
강의 듣기(Lecture)가 맨 위에 있는 것은 학습효율이 가장 낮아서야.
강의 듣기를 통해 배운 내용은 24시간이 지난 후에는 고작 5%만 기
억에 남아있다고 해. 만약 수업을 듣는 것만으로 모든 걸 해결하려
는 친구라면 단 5%만 기억하고 공부를 끝내려는 것과 같다고 볼 수

있지. 자기 공부를 하는 게 아니라 수업을 통해 남의 지식을 구경만 하다가 끝나는 경우라고 볼 수 있어.

혼자 책을 보는 것은 10%, 시각과 청각을 총동원해서 시청각 수업을 듣는 것도 하루 지나면 고작 20%만 머리에 남는다고 해. 시연해보는 방법은 효과가 클 것 같아 보여도 실제 학습효율은 30%밖에 되지 않아. 한마디로 보고 듣는 수동적 학습은 시청각을 총동원한다고 해도 100점 만점에 30점 정도의 학습효과밖에는 없다는 소리야.

예를 들어 강의를 듣는 것은, 피아노를 한 번도 쳐보지 않은 사람에게 선생님이 "자 봐봐, 이게 도레미파솔라시도야. 피아노는 이렇게 치는 거야"하면서 혼자 멋진 피아노곡을 연주하는 모습을 보여주고 마는 것과 다름없어.

이런 설명만으로 당장 누가 그 피아노곡을 따라 칠 수 있을까? 누군가 이 설명을 한 글자도 빼놓지 않고 모두 듣고 외웠다고 해도 피아노곡을 연주할 수는 없을 거야. 한 번 들으면 음계를 훤히 꿰뚫는 천하제일의 피아니스트가 가르쳐준다고 해도 불가능한 일일 거야.

어렵든 쉽든 하나의 피아노곡을 치려면 그것을 익힐 만큼의 시간과 노력이 필요해. 그리고 가장 중요한 포인트는 직접 연습해야 한다는 거야. 그걸 나타내는 것이 바로 학습효율피라미드 아래쪽에 있는 집단토론·연습·가르치기야.

그 높은 학습효과를 증명한 사람이 여기 한 명 있어. 바로 나.

나는 고등학교 때부터 쭉 가르치기로 공부를 해왔거든. 집에서는 엄마를 붙들고 가르쳤고 학교에서는 친구들을 상대로 가르쳤어. 누군가를 가르치다 보면 내가 어떤 부분의 이해가 부족했는지 뭘 모르는지 금방 캐치할 수 있어. 하나를 배워도 제대로 알아야 한다는 깨달음을 얻을 수도 있고. 가령 설명하다가 조금이라도 모르거나 막히는 부분이 발견되면 상대에게 더 이상 설명을 할 수가 없어. 그러면 저절로 누군가를 잘 가르치기 위해서는 내가 먼저 제대로 아는 수밖에 없다는 생각에 이르게 돼.

넌 이것이 바로 공부라고 생각해. 가르치기 공부법은 힘들기만 하고 남에게만 좋은 일 같아 보이지만 실은 내 공부를 완성시켜가는 과정인 거야. 이 과정을 몇 번 더 거치면 점수는 당연히 올라갈 수밖에 없어.

2) 5단계 복습의 비법 전수

❶ 1차 복습

5단계 복습을 하라고 했더니 풀어본 문제들을 한 번 더 풀어본 것만으로 1차 복습이 끝났다고 우기는 친구들이 있어. 내가 말하는 복습은 단순히 풀어본 문제를 또 풀어보라는 게 아니야. 진짜 복습은 교과서나 문제집, 강좌에 나오는 개념들을 혼자서 설명할 수 있는가 없는가 그걸 보는 거야. 오늘 만약 개념을 설명해주는 인강을 들었다면 그 강좌에서 배운 개념들을 그대로 설명해보는 과정이 바로 1단계 복습이야.

보통 수학 선생님들은 수업을 할 때 그 문제를 푸는 데 필요한 모든 수학적 개념을 설명한 다음에 그 문제를 풀이하지. 학생들도 선생님이 수업한 것과 똑같이 공부하면 돼. 복습을 제대로 하고 있는지 모르겠다 싶을 때나 공부를 제대로 하고 있는지 판단이 서지 않을 때는 스스로 자가 테스트를 해보면 진단이 가능해.

> ♥ 한번 스스로에게 물어봐.
>
> '내가 오늘 풀었던 문제나 들었던 강좌를 다른 사람에게
>
> 가르칠 수 있을까?', '오늘 공부한 내용으로 내일 과외를
>
> 할 수 있을까?' 이렇게 구체적으로 생각해보는 거야.

예를 들어 삼각함수의 정의에 대해 수업을 들은 날에는 이렇게 생각해보자. 삼각함수를 처음 배우는 후배나 삼각함수를 1도 모르는 친구에게 삼각함수의 정의를 어떻게 설명할 수 있을까? 삼각함수 문제 풀이도 해줄 수 있을까? 이렇게 고민하다 보면 어디서부터 어디까지 얼마나 복습을 해야 할지 어느 정도 감이 잡힐 거야. 그날 들은 하나의 강좌 내용을 남들에게 가르칠 수 있는 수준이 된다면 1차 복습이 끝난 거야.

하지만 수업을 들은 지 1시간도 채 안 돼서 수업 내용이 기억나지 않는 학생도 분명 있을 수 있어. 수학의 기초가 매우 부족한 학생들이 종종 그런 경험을 해. 이럴 때에는 한 강좌 전체를 한꺼번에 복습하려 하지 말고, 한 문제 한 문제를 기준으로 짧게 끊어서 강의를 듣고 바로 복습하고, 다음 부분을 듣고 또 바로 복습하는 방식으로 하면 돼.

1단계 복습노 어려워 보이는데, 다섯 번을 언제 다 하냐고? 미리 걱정하거나 겁낼 필요 없어. 포기하지만 않는다면 정말 누구나 다 할 수 있어.

❷ 2차 복습

가르치기 방법을 쓴다면 어디서, 누구에게, 어떻게 가르칠지 각각 모두 생각이 다를 거야. 집에서 엄마나 동생에게 알려주든, 학교에서 친구를 앞에 앉혀놓고 설명하든, 독서실에서 혼자 속으로 중얼거리며 스스로에게 말하든 전혀 상관없어. 사람마다 자신에게 맞는 방법이 있을 테니까. 그래도 1차 복습의 목표는 모두 똑같이 잡아야 해. 선생님처럼 설명할 수 있도록 하기. 이것만 명심하자.

1차 복습을 끝내면 뿌듯하지만 그것도 잠시, 분명 이런 경험을 해봤을 거야. 선생님과 똑같이 설명할 수 있을 정도로 완벽히 1차 복습을 끝냈던 게 불과 며칠 전인데, 다시 보니 아무것도 생각나지 않는 신기한 경험.

"어? 내가 일주일 전에 이걸 설명했었나?"라는 말이 절로 나올 만큼 황당하기만 하지. 얼마나 힘들게 1차 복습을 했는데… 모든 것이 허무해지고, '이걸 언제 다시 해?', '해봤자 또 잊어버릴 텐데!' 하는 부정적인 생각도 들 거야.

이 과정은 머리가 좋든 나쁘든, 1등급이든 9등급이든 모두가 한 번쯤은 겪는 일이야. 안 그럴 것 같다고? 누구나 그래. 그래서 공부는 망각과의 끊임없는 싸움이라고 할 수 있지. 그래서 공부가 어렵고, 그래서 2차 복습이 가장 어려운 거야.

이 허무함을 맛본 뒤에 공부 의욕을 잃는 경우가 많아. 그래서 5단계 복습에 실패하는 학생들을 보면 대부분 2차 복습에서 무너져. 1차 복습했던 과정이 전혀 생각나지 않는다면 반드시 다시 강의를 봐야해. 강의를 다시 보다 보면 서서히 생각이 떠오르는 부분도 있고 여전히 처음 듣는 것 같은 부분도 있을 거야.

'이렇게 해서 모든 과정을 언제 다 공부해? 완전 비효율적이야'라는 생각이 들 수도 있겠지. 그런데 실제로는 절대 비효율적이지 않아. 아마 차수를 거듭할수록 깨닫게 될 거야. 3차, 4차 복습에서는 1차에서 본 것과 또 다른 게 보이고 느낌도 굉장히 다를 테니까.

그러니 제발 내가 하라는 대로만 하자. 포기하지 말자. 그동안 했던 방식으로 해서 수학 점수가 잘 안 나왔다면 '그래, 한번 해보자' 하고 투자해보면 좋지 않을까?

개념 설명도 제대로 하지 못하는 학생이 이대로 문제 풀이만 계속한다면 그건 밑 빠진 독에 물 붓기나 마찬가지라 할 수 있어.

문득 기억나는 친구가 한 명 있어. 내 수업을 듣는 학생이었는데, 겨울방학부터 4점짜리 고난이도 문제를 주구장창 풀고 있었지. 어느 날 그 학생에게 물었어.

"너 모의고사 몇 점 나오니?"

"60점이요."

그 학생의 대답을 듣고 가장 먼저 안타깝다는 생각이 들었어.

♥ 개념은 아직 부족한데 공식만 잔뜩 넣어둔 상태에서

계속 4점짜리 문제만 풀고 있으니까 안타까운 거야.

그런 식의 공부는 점수가 안 오를 뿐 아니라 수학이 점점

싫어지는 지름길이거든.

많은 학생의 머릿속에 '어떤 선생님 강좌를 들어도 모의고사 점수가 그대로네. 나는 정말 수학은 안 되는 건가?'하는 고민이 가득할 거야. 하지만 그 친구들이 모르는 게 하나 있어. 선생님이 문제가 아니라는 것. 공부가 잘되지 않는다면 그 문제는 나 자신에게 있는 거야. 내 머릿속에 개념이 들어있지 않으니 일정 수준 이상의 문제로 나아갈 수 없는 거지.

그러니 안 되는 일에 힘쓰지 말고 정말 실속 있는 공부를 하자. 일단 5단계 복습이 밑 빠진 독에 물 붓기가 아닌 온전한 독에 내공을 채우는 대안이 돼줄 거야. 일단 해보자. 실제로 해보면 얼마나 실속 있는 공부인지 제대로 알게 될 테니까.

❸ 3차, 4차, 5차 복습

2차 복습을 끝낸 학생이라면 1주일 혹은 2주일 뒤에 3차 복습을

해보자. 방법은 마찬가지야. 2차 복습에서 했던 내용을 다시 한 번 설명해보면 돼. '또 기억이 안 날 텐데 그걸 다시 한다고요?' 라고 생각하는 친구도 있을 거야. 하지만 2차 복습까지 끝내놓으면 3차 복습부터는 갑자기 쉬워지니 미리 겁먹지 말자. 1차, 2차 복습을 제대로 했다면 세 번째 복습을 할 때는 몇 문제 빼놓고는 다 설명할 수 있게 되니까.

3차 복습을 하면서 '갑자기 쉬워진다고 하던데, 난 왜 어렵지? 역시 난 안 되나봐' 하며 절망감에 휩싸였던 학생들도 4차 복습부터는 자신이 확연히 달라졌다는 걸 느낄 수 있어. 대부분의 문제들을 설명할 수 있는 건 물론 머릿속에서 개념의 흐름도 정리되고 있을 거야.

대망의 5차 복습까지 끝내면 어떻게 될까? 복습했던 모든 문제에 대한 설명이 가능한 건 당연지사고 처음 풀어보는 문제도 2점이나 3점짜리 문제는 대부분 풀 수 있을 거야. 4점짜리 문제도 킬러문제나 준 킬러문제 수준을 제외하고는 거의 풀 수 있을 테니 모의고사 점수는 80점대까지 무난하게 오를 수 있지.

EBS 수능특강을 예로 들어 이야기하자면 예제와 유제 그리고 연습문제 Level 1의 모든 문제, Level 2, 3의 일부 문제를 풀어낼 수 있는 수준에 오른다는 말이야. 하지만 이 수준에서 벌써 만족해서는 안 돼. 우리에게는 아직 가야 할 길이 남아있거든.

지금까지 설명한 것을 정리해보면 5단계 복습이란 5단계 티칭(teaching)과 같은 의미였어.

> ⚡ 단순히 혼자서 풀고 마는 것이 아니라 다른 사람에게
> 설명해주고 가르쳐주고 개념을 설명하는 과정이 반드시 있어야
> 해. 바로 그것이 아는 세계에 들어갈 수 있는 유일한 방법이기
> 때문이야.

이제 아는 세계에 들어가는 마지막 관문이 남았어. 우리가 넘어야 할 마지막 관문은 바로 고난이도 문제야.

❹ 고난이도 문제 정복

5단계 복습을 통해 개념이 탄탄해지고 선생님처럼 완벽하게 가르칠 정도의 수준이 되었다면 그다음 단계는 연습이야. 일명 피나는 연습이지. 5단계 복습을 하면서 풀었던 문제들을 다시 연습하는 것이 아니라 고난이도 문제 풀이 연습을 하는 거야. 보통 수학 선생님들이 수업을 할 때 개념학습 다음에 필수유형을 같이 설명해주시

지. 하지만 그 필수유형은 개념을 익히는 도구일 뿐 내가 말한 연습은 아니야. 5단계 복습 과정을 통해 확립한 개념만으로 2~3등급까지 도달할 수 있는 상태라면, 이제는 1등급이나 만점을 위해 4점짜리 고난이도 문제를 공략할 차례인 거야. 고난이도 문제에 접근하는 일은 분명 쉽지 않지만, 수능에 자주 출제되는 문제들은 어느 정도는 정형화되어 있어. 그러니 탄탄한 개념과 연습을 접목하면 충분히 해결할 수 있을 거야.

> 가장 중요한 개념을 익힌 후에는 수능에 자주 출제되는 문제와
> 수능형식에 맞는 고난도 수학 문제들로 피나는 연습을 해야 해.
> 연습은 앞서 언급한 반성과 더불어 고득점으로 진입하는
> 본격적인 실전 단계라고 할 수 있어.

독한 마음으로 5단계 복습과 피나는 연습의 길로 들어선 학생들이라면 이제 얼마 남지 않았으니 문제집을 찢어버리고 싶을 만큼 힘들고 고통스럽더라도 끝까지 해보자. 그 시간은 절대 널 배신하지 않을 거야.

수학 문제 어떻게 접근해야 풀릴까?
- 해석과 응용력

1) 진짜 수학, 출제의도 찾기 게임

수학 문제 풀이는 '출제의도 찾기' 게임이라고 할 수 있어. 5단계 복습을 마치고 고난이도 문제 연습을 시작하는 단계가 '만점을 위한 출제의도 찾기 게임'의 시작이지. 요즘 유행하는 방탈출 게임과 비슷하다고나 할까? 문제에 제시된 몇 가지 단서로 출제자의 의도를 찾는 게임!

개념이해를 마치고 모든 공식을 설명하고 가르칠 수 있는 상황이라면, '제대로 완전히 아는' 최적의 상태로 본 게임장에 입장한 셈이야. 이 게임의 목표는 출제자가 곳곳에 숨겨놓은 출제의도를 찾아내는 거지. 그렇게 출제자와의 불꽃 튀는 한판 게임이 시작돼.

하지만 게임 공략이 그리 쉽지만은 않아. 내가 가진 모든 능력, 말하자면 수학적 생각의 재료들과 경험치, 집중력. 창의력, 상상력을 총동원해서 찾아 헤매도 잘 찾아지지 않지. 그렇다고 벌써 포기할 필요는 없어. 이 게임 자체가 원래 그런 거거든. 두려워할 필요는 없어. 오히려 풀리지 않는 것을 즐기는 자세가 필요해. '오호라, 이 출제자 정말 더럽게 어려운 곳에 감춰놨네? 이번엔 어렵겠어, 다음엔 꼭 찾아내야지.' 이런 마음가짐으로 게임을 하는 거야.

단, 이 게임을 하는 도중에 하지 말아야 할 금지 사항이 하나 있어. 잘 안 찾아진다고 해설지를 펴서는 안 돼. 해설지를 펴는 순간 그간의 수고가 말짱 도루묵이 돼버려. 해설지를 보고 싶은 욕구가 들 때마다 적어도 3번 이상은 고민해보자. 15분 정도 고민했는데도 안 풀리는 문제는 '이 녀석은 다음에 봐야겠어. 하지만 다음번엔 그냥은 안 넘어갈 거야' 정도로 생각하고 별표(☆) 해두자.

여기서 알아둬야 할 점! 고난이도 문제 풀이 언습은 개념 공부가 완전히 끝난 학생들에게만 해당되는 이야기라는 거야. 그렇기 때문에 조심해야 할 때가 있어. 학교에서 개념을 공부할 때 선생님들이 이런 개념은 이럴 때 쓰는 거라며 필수유형까지 다뤄주려는 경우가 있거든. 하지만 이런 단계에서 본 게임장에 불쑥 들어서는 안 돼. (사실, 대부분의 고3 학생들은 이런 단계에서 본 게임장에 들어온다. 1년 내내 문제집을 풀어도 11월 수능 점수가 제자리인 이유가 바로 여기에 있다.)

만약 학교 수학 선생님의 스타일이 개념부터 유형까지 폭넓게 다뤄주시는 분이라고 한다면 예습을 통해 필수문제들을 혼자 풀어보려고 몇 시간씩 고민하지 않길 바래. 그때는 선생님 설명을 먼저 듣는 것이 훨씬 효과적이야.

개념을 공부하고 있다면 아직 적정 레벨이 아니야. 게임장에 들어오려면 훨씬 더 레벨-업을 해야 해. 5단계 복습을 통한 개념 공부는 게임 출전 자격증을 따기 위한 레벨-업의 과정이라고 할 수 있어. 5단계 복습을 완벽히 해낸 사람만이 비로소 게임장에 들어올 수 있는 레벨이 되지.

나름의 자격 조건을 갖추고 게임장에 들어온 학생들에게 나는 고난이도 문제를 최소 3번에서 최대 5번까지 시도해보라고 조언해. 출제자와 여러 번 싸워보라는 이야기지. 그런 단계까지 오게 되면, '도대체 누군데 출제의도를 이렇게 교묘하게 감춰둔 거야?'하고 출제자의 이름을 확인하게 돼.

고난도 문제가 잔뜩 실린 문제집은 출제자들이 한두 명이 아니라 각 단원마다 출제자가 다르고 1, 2단원은 A가 쓰고 3, 4단원은 B가 쓰는 경우가 많아. 그러다 보니 문제를 풀다 보면 이런 촉이 올 때가 있어. '어? 출제자가 바뀌었네?' 이것까지 감지하는 단계가 되면 '내가 점점 고수가 되어 가는구나'라고 생각해도 좋아.

만약 다음에 재도전했는데 또 안 풀리면 책장 맨 앞에 있는 출제자의 이름을 찾아서 이렇게 선전포고를 하자. "당신을 이기고 문제를 정복하고 말겠어!"

이렇게 출제자와 싸우는 단계로 진입했을 때 세 번 연속 실패하면 잠이 오지 않는 지경에 이르게 돼. 과거에 난 버스 안에서도 문제를 풀었어. 세 번이나 도전했는데도 안 풀려서 너무 억울했지. 그쯤 되면 문제도 외우고 있으니까 어디를 가나 머릿속에선 온통 그 문제에 대한 생각으로 가득 차게 돼. 그러니 버스 안에서도 '이걸 어떻게 연결시키지?'하면서 문제 풀이를 하고 있는 거야.

실제로 이렇게 해결한 문제가 굉장히 많아. 어떤 날은 그 문제와 담판을 짓고 싶은 마음에 버스에서 내려서 집까지 달려간 적도 있었어. 이야기에 MSG가 너무 많이 첨가된 거 아니냐고? 단언컨대 이 게임장에 들어온다면 너도 분명 이렇게 될 거야. 진짜 수학의 세상에 발을 들여봐.

2) '완벽한 개념'과 '피나는 연습'만이 만점을 만들 수 있다

내가 예언 하나 할까? '아는 세계'에 가본 사람이라면 어떤 문제든 3차 또는 4차 시도 인에 문제기 풀릴 기야. 처음에 안 풀렸던 것도 계속 시도하다 보면 반드시 풀리게 돼 있어. 물론 극한 수준의 몇몇 문제는 끝까지 남아있겠지만 말이야.

수능이 다가오면 학생들은 미리 머릿속에 학습 지도를 그려놓아야 해. 어느 문제집에 해결하지 못한 문제가 몇 개, 기출 문제 중에서 해결 못 한 것 몇 개, 이런 식으로 스스로에 대해서 잘 파악하고 있어야 해. 그리고 그 지도를 따라 하나하나 해결해나가는 거지.

그 문제들을 제대로 풀고 복습해서 내 것으로 만들었다면 그때부터는 해설 강의나 해설지를 봐도 돼. 해설 강의에서 선생님들의 풀이와 자신의 풀이를 비교해보면서 더 쉬운 풀이가 있다면 '나는 왜 이렇게 풀지 못했나!' 하고 반성하면서, 이러한 방법으로 꾸준히 끊임없이 연습해야 해. '피나는 연습' 기억하지?

피나는 연습에는 반드시 필요한 것이 있어. 누구에게나 가장 공평하게 주어지지만 그러면서도 내게는 금쪽같이 느껴지는 것, 바로 시간이야. 수능을 준비하는 학생이라면 누구나 시간의 압박을 느끼게 돼. 수능 날을 디데이로 설정해서 D-200, D-100, D-50… 이런 식으로 시간이 줄어드는 걸 매일 체감하지.

수능 준비에 가장 중요한 두 가지가 있다면 하나는 체력 관리 두 번째는 시간 관리일 거야.

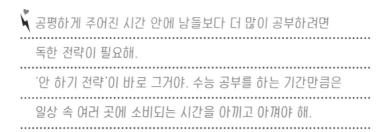

예를 들어 버스 안에서, 잠들기 전에, 쉬는 시간에 스마트폰을 보는 시간만 줄여도 같은 대학에 지원할 라이벌보다 한두 시간은 더 벌 수 있을 거야. 난 차라리 이 기간만큼은 스마트폰을 아예 포기하는 것도 나쁘지 않다고 봐. 카톡 좀 안 하고, 뉴스 좀 안 보고, 음악 좀 안 들으면 어때? SNS 안 하고 친구 좀 안 만나면 어때? 딱 1년만 참으면 되는데. 수능 공부 기간 동안 연락 안 한다고 끊어질 관계라면 진정한 친구는 아니었을 거야. 친구라면 오히려 네가 잘 됐으면 하는 마음으로 더 집중하라며 배려하고 응원하지 않을까?

어차피 공부라는 길을 택해서 좋은 대학에 가려고 마음먹었다면 최선을 다하자. 내가 선택한 그 길 위에서 매순간 최.선을 다하면 내 안에서부터 긍정적인 힘이 솟아날 거야.

하루 종일 공부를 하고 독서실에서 나와서 집에 갈 때 내 안에서 차오르는 그 뿌듯함과 행복을 느껴보자. 그리고 '오늘은 이래서 저래서'라는 유혹과 변명에 절대 넘어가지 말자. "비 오는데 공부가 되니? 나와서 두부김치 먹고 하자" "백일주는 마셔야 힘내서 수능시험

보지. 오늘 하루만 마시자" 이런 유혹의 말을 그냥 외계어로 생각하고 무시하자.

수업 중간에 혹은 수업이 끝나고 종종 학생들이 찾아올 때가 있어. 그 가운데서 "너무 힘들어요, 선생님" 하면서 내게 하소연을 하는 친구들이 있지. 하지만 나는 절대 이런 친구들의 등을 토닥토닥 해주지 않아. 왜냐고? 그 친구들의 말을 들어보면, 정말 힘들다는 것이 무엇인지 하나도 모르는 친구들이 부지기수이기 때문이야.

실제로 보면 정말 힘들게 공부하는 학생들은 힘들다고 이야기하는 법이 없어. 공부하다가 병원에 실려가봤는가? 공부하다가 코피 뚝뚝 흘려봤는가? 그게 아니라면 너무 쉽게 힘들다고 이야기하지 말자. "우리 집은 공부할 분위기가 못 돼요." 이런 것도 실은 엄살이라고 할 수 있어. 부모님의 이혼, 학원비를 낼 수 없을 정도의 가정 형편 등 각자의 처지와 사정이 힘들고 고통스럽다는 건 짐작이 가고 안타까워. 하지만 그 역경을 이겨내기 위해 애쓰는 친구들도 많아.

⚡ 그러니 '무엇 때문에'라는 변명을 끌고 와서 덜 하려고
노력하지 말고 더 하려고 노력하자.
시간 없어서 공부를 못하고 시간 부족해서 5단계 복습
못한다는 거짓말로 우리 자신을 속이지는 말자.

문제를 풀다 보면 가끔, 5번이나 시도를 했는데도 도저히 풀리지 않는 문제가 있을 수 있어. 그 문제는 해설 강의나 해설지를 보고 해결할 수밖에 없어. 하지만 급하게 보지 않아도 돼. 그런 문제는 모아 두었다가 수능 한 달 전인 10월에 해설 강의와 해설지를 보면서 해결해도 충분해.

이쯤에서 예언을 또 하나 할게. 첫 번째 예언은 '개념이 완벽한 학생이라면 어떤 문제든 3, 4차 시도 안에 스스로 해법을 찾아낼 수 있을 것'이었고, 두 번째 예언은 풀리지 않는 문제 하나를 가지고 5차 시도까지 해본 사람만 알 수 있는 이야기야.

다섯 번 풀었는데도 끝끝내 풀지 못했다면 해설지를 꺼내봐도 좋아. 하지만 잠시 후 그 친구는 첫 줄만 보고 "아!" 하면서 도로 덮을 거야. 그 친구가 해설지를 끝까지 읽어보지 않을 거라는게 내 예언이야. 왜? 난 이미 그 친구가 해설지의 첫 줄만 봐도 출제의도를 읽을 수 있는 수준에 도달했을 거는 걸 알고 있거든.

이렇듯 해설지 첫 줄이나 해설 강의 첫마디만 들으면 알게 되는 능력은 그냥 생기지 않아. 일단 한 문제를 가지고 5차 시도까지 갈 만큼의 끈기를 가지고 있어야 하지. 다섯 번 실패를 통해 알게 된 깨달음(문제를 풀지 못한 이유=나의 부족한 점, 끝내 어렵게 알아낸 해법)은 이미도 수능을 보는 그날끼지 절데 잊어버리지 않을 최고 지산이 될 거야.

포기하지 않고 여러 번 되풀이하는 과정을 통해 우리는 수능 만점이라는 최고의 열매를 얻을 수 있는 거야.

3) 병을 끝까지 채우려면 먼저 바닥을 막고, 그다음에 물을 부어야 한다

수능 만점에 다가서는 과정은 크게 두 가지로 구분 지을 수 있어. 게임의 자격 조건을 얻는 1부(완벽한 개념)와 본 게임장에 들어서서 실전 게임에 돌입하는 2부(피나는 연습)로 나눌 수 있을 거야.

물론 게임의 자격 조건을 갖추지 못한 학생들도 성실하기만 하다면 2~3등급까지는 달성할 수 있을 거야. 하지만 거기까지가 끝이지. 지금까지 성실히 해왔던 공식 암기와 기출 문제 풀이만으로는 절대 그 이상으로 갈 수 없어. 1부의 단계를 통과하기 위해서는 제대로 된 개념 공부가 필요해. 개념의 중요성을 한 가지 비유를 통해 좀 더 살펴보자.

다음 그림을 보면 컵이 하나 있어. 이 컵을 '나'라고 가정해볼게. 문제 풀이 연습과정을 컵에 물을 따르는 행동이라고 하고, 컵 바닥에 뚫려있는 구멍은 나의 개념 상태를 나타낸다고 치자. 이 세 가지가 합쳐진 상황을 상상해보자. 그렇게 되면 완벽한 개념 없이 문제 풀이를 반복하는 일은 마치 절대 채워질 리 없는 컵에 물을 계속 붓는 것과 같은 일이 돼.

만약 〈런닝맨〉 같은 예능 프로그램의 출연자들 이와 같은 게임을
한다면 재미있기라도 할 거야. 하지만 지금 우리의 상황은 예능보다
다큐에 가까워. 다큐의 관점에서 보면 밑바닥에 구멍이 있는 컵에
물을 계속 붓는 모습은 정말 어리석어 보일거야.

더구나 오랫동안 그 어리석은 행동을 반복해왔다면? 아마 눈물
이 날 정도로 후회되지 않을까? 금쪽같은 시간, 땀과 눈물을 그대로
무용하게 흘려보내는 일일 테니까. 그러니 지금 같은 컵의 상태로는
물이 가득 차게 되는 일(수능 만점)은 결코 일어나지 않는다는 사실
을 반드시 기억해두자.

3-6. 밑바닥이 뚫린 컵에 물 붓기

이제 이야기가 좀 더 명료해졌어. 앞서 언급한 수능에서의 최고
의 열매, 수능 만점에 다다르기 위해서는 두 가지 목적과 그에 따른

두 가지 방법을 추구해야 해. 하나, 완벽한 개념을 통해 바닥의 구멍을 채우자. 둘, 피나는 연습을 통해 물을 따르자. 이 두 가지가 가장 중요해. 두 가지 중 연습 하나만 죽도록 열심히 한다고 해도, 그보다 앞서 개념을 채우지 않으면 절대 물을 가득 채울 수 없어.

밑이 새는 가장 큰 이유는 생각의 재료가 없어서 그래. 이 재료를 채우려면 반드시 5단계 복습이 필요하지. 이렇게 재료를 채운 후에는 연습 또 연습을 거듭해야 만점에 다다를 수 있어. 물론 그 연습의 방법도 매우 중요해.

다시 말해 물을 붓는 요령 또한 중요하다는 얘기야. 문제를 맞혔다 하더라도 풀이방법을 복기하는 과정이 반드시 필요해.

> ⚡ 그 문제를 그렇게 풀 수밖에 없었던 이유와 그 모든 풀이과정
> 하나하나에 정당성을 확보해야 해.
> 수능 날 시험에서 진짜 실력을 발휘하는 건 운이 아니라
> 필연적인 실력이야.

우연의 과정이 아닌 필연의 과정으로 문제를 풀 수 있도록 하는 훈련, 즉 반복 연습이 반드시 필요해. 이건 앞에서 언급한 바 있는 반성의 과정이기도 해. 맹목적으로 연습하는 것이 아니라 반성의 과

정을 거치면 연습의 질을 몇 단계 더 높일 수 있지.

그리고 출제자의 출제의도를 빠르게 찾아내려면 문제에서 '주어진 조건'과 문제에서 '물어보는 것(구하고자 하는 것)'을 연결할 수 있는 핵심적인 키를 발견하는 연습이 필요할 거야. 이 또한 생각의 재료가 바탕이 되어야 해. 생각의 재료가 많으면 많을수록 이 두 가지 요소를 연결시키는 것이 유리해지거든. 꾸준한 연습을 통해 경험을 차곡차곡 쌓으면 무시 못할 중요한 생각의 재료가 될 거야.

개념을 쌓는 과정을 넘어 연습을 하는 단계로 넘어오면 아는 세계에 들어갈 확률이 더 높아져. 드디어 문제집의 양과 점수가 비례하는 가장 바람직하고도 아름다운 시기에 진입하게 된 거야. 하루하루 지날 때마다 점수가 오르는 꿈같은 일이 더 이상 환상이 아닌 현실로. 이제 수학은 네게 있어 정말 재미있는 과목이 되어 있을 거야. 하면 할수록 오르니 어찌 재미있지 않을까?

4) 정말 마지막 단계의 느낌, 이게 미분이구나

이쯤에서 세 번째 예언을 해볼게. 만약 내가 지금까지 이야기한 그대로, 뜻하는 방향대로 성실히 공부하는 학생이 있다고 하자. 그 학생이 자신이 공부한 어떤 개념에 대해 스스로 100% 알겠다고 자신하는 때는 언제일까? 예를 들어 미분이라는 개념을 비로소 완벽히 마스터했다고 확신하는 때는 언제일까? 인강을 듣고 처음 미분을 접한 날을 기준으로 봤을 때 1차 복습을 끝낸 후일까 아니면 5차 복습이 끝났을 때일까? 아니, 이중에 답은 없어. 사실 이 질문의 답은 '정확히 알 수 없다'야.

그 친구가 진짜 알겠다고 느끼는 '그때'는
공부를 꾸준히 해나가다 보니 마주한 미래의 어느 순간이야.

아마도 그 친구가 개념 공부를 완벽히 끝내고 혹독한 연습단계에 들어갔을 때 그것도 몇 문제로 인해 약이 오를 대로 올라있을 때 그 순간이 찾아올 거야. 이런 저런 문제를 만나면서 좌절과 희열을 번갈아 느끼다가 수능 날이 얼마 남지 않은 어느 시기에 맞이한 깨달음의 순간이 바로 그때인 거야.

어느 날 갑자기 문제를 풀다가 스스로 뭔가 터득하는데 이건 선생님이 정리해준 풀이에서 찾을 수 있는 것도 아니고, 기발한 문제풀이법을 통해 얻을 수 있는 것도 아니고, 인강에서는 더더욱 아니야. 오직 스스로의 힘으로 공부를 했을 때 어느 순간 찾아오는 값진 깨달음인 거지.

여기서 잠깐, 깨달음과 관련된 이야기를 좀 해볼까? 내가 전에 야구를 좋아한다고 했었지? 야구에서도 이런 깨달음의 순간이 있어.

현재 우리나라 프로야구에서 최다안타 기록을 보유하고 있는 LG트윈스의 박용택 선수는 타격 잘하기로 정평이 나 있는 베테랑 중의 베테랑 선수지. 그런데 얼마 전에 그것도 은퇴를 진지하게 생각해볼 나이, 마흔에 이르러서 박용택 선수가 이런 말을 했다고 해.

"요즘 그런 생각이 많이 들어요, 이게 바로 타격이구나."

내가 위에서 말한 깨달음은 바로 이런 느낌을 말하는 거야. 수능이 며칠 남지 않았을 때, 문제를 정말 풀 만큼 풀어봤을 때, 정말 야구를 해볼 만큼 해봤을 때 마지막 단계에서 느끼는 감정 말이야. 흔히 각 분야의 베테랑들, 특히 원로 배우의 인터뷰를 보면 "연기란 무엇인가요?"라는 질문이 꼭 나오잖아. 그럼 원로 배우는 이렇게 이야기하지. "아직도 모르겠어요."

난 이 느낌을 굉장히 존중해. 그렇게 오래, 열심히 했는데도 '아직도 모르겠다'며 더 멀리 있는 궁극의 지점을 향해 끝없이 나아기는 그 느낌 말이야.

난 수학도 마찬가지라고 생각해. 이 느낌을 이해할 수 있고, 이 단계에 오르게 되면 수학 문제 풀이가 출제자와 게임하는 것 같을 거고, 문제를 해결할 때마다 얻는 쾌감 때문에 수학을 놓을 수 없게 될 거야. 그렇게 되면 모든 과목 중 수학이 가장 재미있고 좋아하는 과목으로 바뀌어있을 거야. 물론 이로 인해 다음과 같은 치명적인 부작용이 생길 수도 있어. 수학이 너무 재미있어서 영어와 국어를 소홀하게 되는, 하루 종일 수학만 하고 싶은 그런 부작용 말이야.

그래서 〈위너스 클럽〉의 아이들, 기적을 만들어낸 그 친구들에게는 공통적인 징크스가 있어. 이 친구들이 대부분 재수를 생각한다는 거야. 제대로 수학을 공부하는 방법을 깨닫게 된 친구들 중에서는 재수를 결심하는 친구들이 꽤 많아. 그 친구들로부터 "수학이 이렇게 공부해서 되는 것이라면 영어와 국어도 다시 해야겠어요"라는 말을 듣곤 해. 심지어는 내게 이런 편지도 와.

"선생님, 영어도 5단계 복습을 시작하려고요."

5) 경지에 다다르면 느낄 수 있는 아름다움, 교과서

정말 마지막 단계에 다다랐을 때 교과서를 다시 읽어보면 이전에는 보이지 않던 새로운 것들을 보는 경험을 할 수 있어. 그야말로 교과서의 아름다움을 뼈저리게, 가슴 뭉클하게 느낄 수 있지.

얼마 전에 자녀 셋을 모두 명문대에 보낸 소위 '돼지 엄마'가 TV 프로그램에 나온 적이 있어. 학부모 입장에서는 세상에서 제일 부러운 사람이 공부 잘해서 명문대에 진학시킨 부모들인지라 '어떻게 하면 자녀들이 공부를 그렇게 잘할 수 있느냐'는 질문이 쏟아졌지. 별 다른 생각도 기대도 없이 무심히 그분이 하는 말을 듣고 있던 나는 다음 대목에서 고개를 끄덕이면서 깊은 공감을 했어.

"그냥 공부 어느 정도 한다는 중상위권 아이들이나 일반적인 아이들은 기출 문제에 환장하고 최상위권 아이들은 교과서에 환장을 한다는 말이 있어요."

맞는 말이야. 교과서를 좋아한다는 것, 교과서의 아름다움을 이야기할 수 있다는 것은 수학의 원리를 완전히 알고 제대로 공부했다는 이야기와 같지. 만약 그 아름다움과 재미를 더 많은 사람이 알았더라면 수학과목을 포기하거나 어른이 돼서 수학이 트라우마가 되지는 않았을 거야. 하지만 반대로 아무나 볼 수 없기 때문에 더 값진 것이겠지.

다시 말하지만 교과서는 정말 좋은 책이야. 학생들에게 교과서를 보라고 하면 문제만 풀고 버리는 경우가 대부분인데, 그곳에 수록된 문제보다는 서술된 내용이 더 좋아. 특히나 난원이 시작되는 부분엔 어김없이 [생각해봅시다]라는 내용이 나오는데 학생들로 하여금 수학의 원리에 대해서 생각해볼 수 있도록 구성된 파트지.

보통의 학생들은 '교과서니까 나오는 이야기지 뭐'라고 대수롭지 않게 여기는 경우가 많은데, 이 부분은 수능에서 직접적인 소재로 쓰일 만큼 중요한 부분이야. 그렇다고 학생들이 처음부터 교과서로 공부를 해야 한다는 의미는 아니야. 교과서 내용은 지극히 간결해.

그 설명도 대단히 불친절한 편이지. 그렇기 때문에 교과서만으로는 개념을 완벽하게 이해하기가 쉽지 않아. 학생 혼자서 교과서만 가지고 독학한다는 건 아마 불가능에 가까운 일일지도 모르겠어.

하지만 부디 왜 그토록 교과서가 아름다운지, 어디가 간결하고 어느 부분이 불친절한지 한눈에 꿰뚫어볼 수 있는 눈을 키웠으면 하는 바람이야.

> ⚡ 오직 공부의 길을 선택한 학생이라면 꼭 반드시 한 번은,
>
> 완벽히 아는 세계에 진입해서
>
> 선생님들처럼 최상위권 학생들처럼
>
> 교과서의 아름다움에 공감할 수 있는 학생이 되어보라는 거야.

해마다 신문이나 방송에서 수능 전국 1등 혹은 만점자 인터뷰가 전국으로 퍼져나가지. 그중에서는 마치 작년 인터뷰를 참고한 듯 "교과서 중심으로 공부했어요"라고 대답하는 친구가 꼭 한 명은 있어.

또 수능 당일 한국교육과정평가원에서 수능 문제 출제 경향에 대해 브리핑을 할 때 보면 "교과서에 나온 교과과정대로 공부한 학생이라면 충분히 해결할 수 있게 출제했다"라고 해. 대부분의 사람

들은 역시 정해진 대답을 한다고 생각하고 그냥 상투적으로 의례 하는 말이겠거니 한 귀로 흘리는 경우가 많아.

하지만 나는 그 대답이 그렇게 쉽게 넘겨버릴 말이 아니라는 것을 알고 있어. 그 말에는 아는 사람만 읽을 수 있는 어떤 의미가 담겨있거든. 교과서가 가지는 그 가치를 충분히 아는 사람들은 그 말의 숨은 의미를 꼭꼭 귀담아듣지.

교과서의 아름다움을 아는 사람 중 하나인 나는 여전히 교과서에 대한 애정을 보이고 있어. 실제로 아이패드에 교과서를 다운 받아 가지고 다니면서 늘 곁에 두지. 그리고 난 언제나 누구에게나 자신 있게 이렇게 말해. "결국 모든 수능 기출 문제의 베이스는 교과서야."

⑤

인터넷 강의
200% 활용하기

1) 인강의 좋은 점과 나쁜 점

　인강의 장점은 뭘까? 바로 최고의 선생님들 수업을 해외에서든 어디서든 들을 수 있다는 거지. 산속에서 살든 대치동에 살든 그 어디에 살든 전기와 인터넷이 들어온다면 어디서든지 최고의 수업을 들을 수 있어. 언제든지 모르는 부분이 있으면 여러 번 반복해서 들을 수 있지. 게다가 인강 수강권 가격은 학원비와 비교도 안 될 만큼 싸니 가성비도 높기도 하고 말이야. 특히 EBS는 교재만 사면 다 무료니 얼마나 좋아!

　게다가 인강을 들으면 언제든지 질문을 할 수 있어. EBS에서는 질문이 올라오면 거의 하루 안에 대답을 해주잖아. 그것도 현직 학교 선생님들이 직접! 사설업체 역시 질문에 대한 답변을 해주는 연구진을 강사별로 두고 있어서 한밤중이든 새벽이든 모르는 것을 질문하면 답변을 달아주지. 이런 인프라는 인강이 단연 최고일걸?

그런데 이런 최고의 장점이 한편으로는 단점이 되기도 해. 언제든지 어디서든 들을 수 있기 때문에 지금 당장 수업을 듣지 않는 거야. 아무 때나 어디서나 들을 수 있기 때문에 오히려 수강률이 더 떨어져.

오래전 〈대장금〉 〈겨울연가〉 〈모래시계〉 등 인터넷과 VOD가 보급되지 않았던 시절에 인기 있었던 드라마의 시청률은 50%를 훌쩍 넘어서곤 했어. 방송하는 그 시간에 반드시 봐야 하니까 사람들이 집에 뛰어가기도 했어. 그 시간에는 술집이나 거리가 텅 비어서 한산함을 느낄 정도였지.

그런데 지금은 스마트폰이나 노트북으로 아무 때나 원하는 드라마를 볼 수 있잖아. 그래서 오히려 드라마 시청률이 훨씬 낮아졌다고 해. 나도 재미있다고 소문난 드라마를 다운로드—합법적인 다운로드야—받아놓기만 해놓고 나중에 나중에 하다가 아직 시작도 못 한 게 산더미야.

이게 제일 큰 문제인 것 같아. 인제든지 볼 수 있으니까 지금 당장 안 보는 거. 고작 16부작밖에 안 되는 그 재미있는 드라마도 안 보게 되는데 재미없는 인강 50강짜리를 보는 건 얼마나 힘들겠어.

계속 타협이야. 이런 행동이 반복되다 보면 결국은 수강신청만
해놓고 완강까지 한세월이 되는 거야. 실제 인터넷 강의의 완강률은
10퍼센트도 안 된다고 알려져 있어. 인강의 최대의 단점, 바로 완강
이 어렵다는 거야.

2) 인강, 이렇게 들어야 한다

인강을 들을 때는 학교에 다니듯 학원에 다니듯 들어야 해. 언제
어디서나 볼 수 있다고 자유롭게 공부하다가는 완강과는 점점 멀어
지게 돼. 정해진 시간에만 인강을 듣는다는 결심이 필요한 거야. 반
드시 시간을 정해놓고 듣고 만약 정해진 시간을 놓쳤으면 그날은 차
라리 포기하는 게 나아. 다음 날 듣더라도 반드시 정해진 시간에 인
강을 볼 수 있게 미리미리 스스로 시간 관리를 해야 해.

화장실 다녀오고, 일시정지 누르고, 카톡하고, 인스타그램도 좀 훑어보다 보면 1시간짜리 강의를 5시간에 걸쳐서 보거든. 계속 왔다 갔다 며칠 동안 보다 보면 앞에 부분 생각이 안 나니까 처음부터 다시 보고.

이렇게 인강의 가장 큰 장점이 오히려 독이 되는 경우가 있으니 정확한 시간, 장소, 날짜를 모두 정해놓고 시간 맞춰서 듣도록 노력해봐. 예를 들어 수학은 '월수금 7시부터 9시까지 독서실에서 두 강씩' 확실히 계획을 세우고 그대로 지켜보는 거야. 또 집에서 잠옷을 입고 듣거나 누워서 듣지 말자. 밥 든든히 챙겨먹고, 옷 제대로 입고, 학교에 갈 것처럼 들어봐.

인강을 끊어놓고 안 듣는 학생들이 얼마나 많은지 몰라. 심지어 수강기간 종료까지 단 한 강좌도 수강하지 않는 학생들이 너무 많아. 일부 사설 인강 업체의 전과목 프리패스권이 이 부분을 이용한 거야.

나 역시 내 인강을 끊어놓고 듣지 않는 학생들이 안타까워서 어떻게든 완강을 유도하기 위해 고민을 많이 해. 매년 완강 파티를 연다던지, 유튜브로 잔소리 영상을 꾸준히 올린다던지 학생들의 마음이 해이해질 시기에 동기부여가 될 수 있는 영상을 올린다던지, '월간 정승제' 모의고사를 만들어 무료 현장 강의를 연다던지. 꾸준히 이벤트를 여는데 그중에서 대표 격인 완강파티는 개념때려잡기(흔히 개때잡)라는 개념강의를 완강한 학생들을 대상으로 하는 완강 축하파티야.

3-7. 완강클럽

완강클럽에 가입하고 완강파티 신청을 하면 우리 연구실에서 제작한 모의고사를 보는데 1등부터 10등까지 장학금을 주기도 해. 열심히 공부한 학생들을 위해 최고 인기 아이돌을 섭외해서 콘서트도 열고. 어떻게든 내 강의를 듣는 학생들로 하여금 완강에 대한 동기부여를 주기 위해 머리를 싸매고 고민해서 실행하는데도 완강률은 아직 내 욕심에 못 미치는 수준이야.

대부분의 학생들이 집에서 인강을 듣는다고 해. 이것도 완강률이 낮은 이유에 한 몫을 하는 것 같아. 집은 유혹이 많은 장소니까. 괜히 냉장고 한 번 열어보고, 화장실 가서 세수 한 번 하고, 거실에서 TV도 잠깐 켰다가 스마트폰 열어서 페이스북도 확인하지. 방해 요소가 정말 너무 많은 거야. 그러니 공부에 이골이 난 서울대 법대 친구들도 사법고시 공부할 때는 고시촌에서 하잖아. 공부가 그렇게 어려운 거야. 유혹을 떨치는 게 정말 힘들지.

그러니까 인강을 몰입해서 들을 수 있는 환경을 조성하는 게 중요해. 인강은 편한 데서 편하게 들으면 끝나지 않는 숙제가 될 거야. 불편하게 들어야 완강까지 갈 수 있어.

3) 스타강사 중독증을 조심하라

나도 스타강사라 불리는 한 사람이지만 지나치게 강사에 의존하는 친구들이 많은 것 같아. 스타강사 중독증. 강사들의 커리큘럼을 보통 '커리'라고 부르는데, 어떤 강사의 커리만 타면 성공한다고 생각하는 안타까운 학생들이 많이 보여. 커리에 따라 개념 강좌 듣고, 문제 풀이 강좌 듣고, 심화 강좌와 파이널 강좌를 마스터하면 성적이 오른다고 생각할 거야.

그런데 들은 것은 어디까지나 들은 것에 그치고 말아. 그 선생님이 수업하는 것을 들으면서 그 선생님의 설명 방식과 그 선생님의 풀이 방식에 감탄만 한 것일 뿐. 성적이 오르려면 인강을 듣기만 하는 것이 아니라 자기의 것으로 만드는 시간을 반드시 가져야 해. 대단히 고통스러운 시간을 보내야만 자기 것이 돼.

내 수업을 들었던 친구들 중에서 수학 만점자들을 인터뷰해보면 인강 듣다가 때려치우고 싶다는 생각을 여러 번 했던 친구도 있고, 아무리 오래 생각해도 안 풀려서 수학 공부를 더 이상 안 하겠다고, 대학 안 가겠다고 엄마랑 싸우며 문제집을 찢어버렸던 친구들도 있어. 그런 고통스런 과정을 모두 겪어야 만점에 닿을 수 있는 거야.

그런 고뇌의 시간 없이 특정 강사의 인강만 들으면 강사가 모든 것을 해결해준다고 생각하는 건 정말 안타까운 일이야. 친구들끼리 '너, 누구 커리 타?', '그 선생님 커리 타서 누가 서울대 갔대', '그 선생님 커리 타면 백타 오른다더라' 이런 대화가 안타까워.

이를 이용해서 인강 업체 운영자들은 각종 커뮤니티 사이트에 불법 댓글 알바를 총동원하기도 해. 학생들은 아직은 어려서 누구의 강의를 듣기만 하면 성적이 오른다는 얘기를 들으면 쉽게 믿어버릴 수 있거든. 이걸 바로잡아주는 게 응당 어른들의 몫일 텐데 나쁜 어른들은 이를 잘도 이용해 먹으려고 하지.

특히 새로운 시즌이 시작되는 12월 말이 되면 수험생들이 모이는 커뮤니티 사이트 댓글창은 알바들이 득실득실해. 누구 들으면 성공한다, 누구 들으면 망한다. 경쟁 업체의 알바들끼리 댓글 달고 싸우고 난리도 아니야. 얘기를 듣기로는 중국 등지에 아예 캠프를 차리고 댓글 알바작업을 시킨다더라. 학생 입장에서는 대학 입시가 인생이 걸린 문제인 만큼 극도의 불안한 마음으로 수험 생활을 버텨내고 있을 텐데 그 불안한 마음을 이용해서 회사의 매출을 올릴 생각만 한다? 학생들이 정말 안타깝고 어른들은 정말 나빠.

뜬금없이 한 가지 고백을 하자면 나는 천주교 신자야. 초등학교 때는 주일학교에 열심히 다녔던 기억이 있고 고2 때까지도 매주 일요일에 엄마랑 성당에 다녔어. 그러다가 고3이 되고 나서 고3이라는 핑계로, 공부할 시간을 빼앗긴다는 그럴 듯한 이유로 성당과 멀어졌지. 그 당시에 성당에 혼자 가서 그분께 이렇게 말했어. '저 고3이니까 성당 안 나와도 이해해주실 거죠? 딱 1년간만 우리 만나지 말고 대학 가서 다시 만나요. 한없이 자애로우신 분이니 이해해주실거리 믿어요. 오케이?' 이러고선 안 나가기 시작했어. 근데 대학 가서도 쭉 안 나갔지. 십수 년간 쭉 안 가다가 삼십대 초반부터 다시 다니기 시작했어. 지금은 외국에 있을 때도 일정을 바꿔서라도 일요일엔 언제나 성당에 가서 꼬박꼬박 미사를 보고 와. 스다강시 중독중 이야기하다가 왜 갑자기 종교 이야기를 하냐고? 나 같은 나이롱 신자가 성당 꼬박꼬박 다니며 '그래도 할 일은 했다'라는 심리적인 안정을 느끼는 것과 '그래도…' 하는 수험생들의 심리가 얼추 비슷하지 않을까 해서야.

'주일미사를 빠지지 않았으니 신이 나를 버리지 않을 거야' 하면서 위안 삼는 것처럼 학생들도 1년간 강의를 들을 수 있는 프리패스를 하나 끊어놓고는 '지금 당장 공부하지 않더라도 어차피 완강하면 이 선생님이 나를 1등급의 세계로 이끌어주실 거야'라고 믿는 건 아닌지, 그런 심리적인 안정만 얻으며 나이롱 수험생이 되어가고 있는 건 아닌지 생각해봐.

"너, 누구 커리 타?" "작년에 우리 사촌형이 공부 정말 못했었는데 이 선생님 커리 타고 성적 올라서 수능 다 맞은 거 알아?"라는 이야기를 듣고 마음이 혹한 학생들은 당장 엄마한테 말해서 그 선생님 강의 프리패스권을 끊을 거야.

하지만 여기서 분명한 사실은, 사촌형의 만점을 만들어준 건 그 선생님이 아니라는 거야. 사촌형 스스로 피나는 노력을 한 결과인 거지. 선생님은 성적을 올릴 수 있도록 길을 안내해주는 사람일 뿐이야.

⚡ 착각하지 말자. 어떤 인강 선생님도 너의 성적을 올려줄 수 없어. 성적을 올릴 수 있는 사람은 오직 너 자신뿐이다.

모의고사가 끝나고 고3이나 재수생들로부터 가장 많이 듣는 말이 "성적이 안 올라요. 점수가 요지부동이에요"라는 하소연이야. 나는 늘 꾸준히 하면 그날이 온다고 대답해. 위너스클럽 학생들도 지속적으로 점수가 오른 친구는 없어. 정체되었다가 후퇴하는 구간을 거치고 비로소 성적이 오른 거지.

언젠가 TV에서 본 내용에 감명받은 적이 있어. 코스요리를 선보이는 식당에 가면 가격대가 A, B, C 단계별로 있는데, A가 2만 5천 원, B가 3만 원이면 대부분 어느 것을 시킬까 고민되잖아. 그런데 C가 4만 원이면 사람들은 대부분 별 고민 없이 B를 선택할 거야. 선택이 쉬워진 이유는 C라는 새로운 무엇이 등장했기 때문이야. C가 선택의 기준을 바꾸는 하나의 프레임이 된 거지.

공부를 할 때도 마찬가지야. 어떤 사람들은 4차까지 복습하고 어떤 사람들은 5차까지 복습해. 하지만 누군가가 10차까지 복습을 하고 성적을 획기적으로 올렸다고 하면, 어렵다고 생각했던 5차 복습은 이제 더이상 아무것도 아닌 것처럼 보이게 될 거야.

내가 하고 싶은 말은 A나 B가 아니라 C가 되라는 거야. 내가 먼저 남들보다 탁월하게 열심히 하는 사람이 되자. 세상의 기준을 바꾸는 존재가 되어보자. C가 되기 위해 필요한 건 오로지 '수학 공부에 대한 자신의 태도를 바꾸는 것' 하나야.

4) 인강만 열심히 들으면 어떻게 될까?

어찌 보면 인강강사는 현란한 말솜씨로 '너는 이제 모르는 게 없다'라고 착각하게 만들 수 있는 위험한 인물이야.

농담 삼아 학생들에게 하는 말이 있는데 사실은 진담인 말이 있어.

"나 정승제의 치명적인 단점이 뭔 줄 아니? 너무 잘 가르치니까, 설명이 알아듣기 쉬우니까 인강만 듣고도 다 아는 것처럼 느끼게 만든다는 거야. 그래서 애들이 공부를 안 해. 강의만 듣고선 다 알게 되었다고 착각하니까. 차라리 못 가르쳤으면, 똑같은 개념을 어렵게 설명했더라면, 한 번만 듣고는 이해가 안 되게 강의를 했더라면, 애들은 정말 열심히 공부했을 텐데 말이야."

> ⚡ 인강으로 듣는 선생님의 지식은 절대 네 것이 아니야.
> 성적이 오르기 위해서는 강의하는 선생님의 지식을
> 자기의 것으로 만드는 과정이 반드시 필요해.

매일 많은 학생이 인스타그램이나 유튜브 혹은 자필 편지로 나에게 메시지를 보내. 열심히 하겠다는 다짐의 글도 있고, 선생님 덕분에 좋은 대학에 가서 고맙다는 글도 있어. 물론 그런 글에는 댓글을 달지. "네가 열심히 해서 그 대학에 간 거지 내 덕분이 아니야. 5단계 복습도 네가 한 거고 피나는 연습도 네가 한 거잖니. 노력이라는 성과를 얻은 건 분명 앞으로 인생에서 좋은 작용을 하게 될 거야. 많이 많이 축하해." 하지만 그중엔 내가 정말 싫어하는 메시지도 있어.

"저는 선생님만 믿어요."

악! 어떡하니 이 아이. 정말 내 수업만 들으면 무조건 성적이 오른다고 믿는 걸까? 곧바로 댓글을 달아. "님아, 큰일 날 님아! 나보다는 자신을 믿고 꾸준히 가보렴. 나는 님의 성적을 대신 올려줄 순 없어. 자신을 믿고 내가 하라는 대로만 꾸준히만 가보세요. 넌 분명 점수를 올릴 수 있을 거야. 파이팅!"

여기서 문제 하나. 우리 딸, 우리 아들한테 정승제 인강을 끊어주고 "인강 들어보니까 어때?"라고 물어봤다면 다음 중 가장 바람직한 대답은?

① "이 선생님 뚱뚱한데 귀여워~~"
② "이 선생님 너무 잘 가르쳐, 100퍼센트 이해돼."
③ "이 선생님만 믿으면 될 것 같아."
④ "이 선생님이 하라는 대로 했더니 이제 좀 뭔가 되는 것 같아."
⑤ "이 선생 너무 못 가르쳐. 그냥 유명해서 듣는 거야."

인강을 듣는다는 것은 코치를 받은 일과 같아. 코치를 받은 후 남은 시간에는 본인이 연습을 해야 해. 인강을 막 들은 학생에게 '복습은 했니? 연습은 잘 돼가?' 물으면 '선생님, 이 부분은 수업 들어서 완전히 아는데 또 봐야 할까요?'라고 답하는 학생이 참 많아. 그럴 땐 이렇게 생각해보라고 이야기해주고 싶어. 김연아가 트리플 루프나 트리플 토룹 점프를 할 줄 몰라서 연습할까? 피겨 스케이팅 세계 1등인 그녀도 선수시절엔 매일 피나는 연습을 했어. 수학 전교 1등, 전국 1등도 매일 수학을 연습해.

심지어 수학 선생님들조차도 매일 연습을 하는데 이제 막 수학 공부를 시작한 학생이 한 번 풀어봤다고, 인강 한 번 듣고 이해했다고 연습을 소홀히 하는 게 말이 될까?

위의 문제, 설마 답을 모를까 싶지만 그래도 혹시나 하는 마음에 정답은 이 책 마지막 페이지에 둘게.

작심삼일에서 작심1등급으로!
수학 A형 3월 모의평가 5등급 -> 수능 1등급

수능 날, 시험 끝나고 집에 와서 가채점을 하다가 많이 울었어요. 다른 과목 점수도 잘 나오지 않았는데 특히 수학 점수는 정말 너무하다 싶을 정도였어요. 추울 때도 더울 때도 야자 한번 빼먹지 않았는데… 밥 먹는 시간, 친구들과 노는 시간도 아껴가며 공부했는데…. 그땐 그냥 모든 게 무너지는 기분이었어요. 그렇게 몇 주 동안 힘들어 하다가 다시 해보자는 마음으로 재수를 결정했습니다.

진짜 이번에는 전과는 다르게 공부해야겠다고 마음먹었어요. 그런데 작심삼일(作心三日)이라는 말이 괜히 있는 게 아니었어요. 공부하던 습관을 하루 아침에 바꾸기는 어려웠죠. 인강 프리패스권도 샀지만 듬성듬성 듣기 일쑤였고, 꾸역꾸역 개념서 하나로 진도를 뺐는데 그렇게 공부하니 3월 모의평가 때 5등급이 나왔어요.

5등급이라는 성적표를 본 순간, 정신이 번쩍 들었어요. '내가 지금까지 뭘 한거지?' 그때부터 정승제 선생님 강의를 듣기 시작했어요.

포기하지 말라는 선생님의 말을 듣고 마음을 잡았습니다. 가장 먼저 5개월 분량의 공부 계획을 짰어요. 매달, 일주일 단위로 쪼개서 달력에 다 옮겨 적으며 또 한 번 결심을 다졌죠. 잠들기 전에는 10분 정도 시간을 들여서 오늘 하루 달성한 목표량을 체크하고, 어느 부분이 미흡했는지 되짚었어요.

일요일이 오면 다음 주의 공부할 내용을 점검하면서 계획했어요. 무엇보다 5단계 복습을 매일하려고 노력했죠. 5단계 복습의 핵심은 남에게 가르칠 수 있느냐 없느냐! 이게 포인트거든요. 강의를 듣고, 머릿속으로 숙지한 다음 누군가를 가르친다는 느낌으로 적어 내려가며 풀이했어요.

하지만 여전히 문제가 풀리지 않을 때마다 지난 수능의 악몽이 떠올라 저를 괴롭혔어요. 작심삼일은커녕 작심1일이 되려고 할 때마다 정승제 선생님이 의지를 북돋아주셔서 다시 일어날 수 있었습니다.

아마도 지금 어떤 강의를 선택하고 어떻게 공부할지, 하나부터 열까지 고민하는 친구들이 많을 거예요. 저 또한 매순간 그랬으니까요. 인강계엔 좋은 선생님들이 많아요. 근데 여러 조언을 모두 적용하려다 보면 이것도 저것도 아닌 공부가 되더라고요. 저는 정승제 선생님을 믿고 갔습니다. 여러 방법을 시도하기보다 하나로, 끈기 있게 쭉 밀고 나갔으면 좋겠어요.

포기하지 않은 하루하루가
모여 1등급을 만든다

기적은
아무에게나 오지 않는다

몇 년 전에 네팔에 도서관을 지어준 적이 있다. 네팔은 전 세계에서 가장 가난한 국가 중 하나다. 네팔은 아직도 전기가 한시적으로 들어오거나 아예 들어오지 않는 곳도 있다. 네팔에 도착했을 때 그동안 TV에서만 봐왔던 광경이 눈앞에 펼쳐져있었다. 상상했던 것보다 훨씬 더 열악한 환경이었다. 이곳에서 아이들은 꿈을 꾸고 희망을 가질 수 있을까? 하는 물음이 피어올랐다. 그곳은 말하자면… 세월을 거슬러 올라가 우리나라의 1960년대를 보는 듯했다. 동시대를 살아가고 있다는 것이 믿기지 않았다.

네팔에서도 가장 시골(당가디 지역)에 있는 학교에 들어서자 안타까운 마음이 복받쳤다. 아이들이 공부하는 교실 때문이었다. 책장, 컴퓨터, 허리를 편안하게 받쳐주는 의자, 눈의 피로감을 줄여주는 조명, 참고서, 연습장, 샤프펜슬…. 대한민국 학생 대부분이 공부할 때 갖추고 있는 이 모든 것들이 그곳에는 없었다. 맑고 밝은 눈을 가진 네팔 아이들에게는 허락되지 않은 것들이 너무 많았다.

그 아이들을 위한 도서관을 짓기로 결정하고 완공한 후에 모두 한자리에 모였다. 비록 그리 훌륭한 시설은 아니었지만 그 동네에 처음으로 생긴 도서관과 그곳을 가득 채운 책들을 보고 아이들은 정말 행복해했다. 나는 그때 본 아이들의 얼굴을 평생 잊을 수 없을 것이다. 해맑은 눈동자를 빛내던 네팔 아이들은 나에게 자신의 꿈은 네팔을 벗어나 외국에 가서 공부하는 것이라고 했다. 대한민국 같은 나라에서 공부하고 싶다고 했다.

나는 그곳에서 우리 학생들을 많이 떠올렸다. 돌아가면 혼내줘야겠다는 생각도 했다. 언제 어디서나 인터넷을 통해 강의를 들을 수 있고, 질문도 할 수 있는 환경에서 공부한다는 것 자체가 얼마나 큰 행운인지 잘 모르는 학생들이 많은 것 같다.

우리나라 학생들! 그대들은 대한민국에서 태어났다는 사실이 얼마나 다행스러운 일인지 모를 것이다. 우리는 우리나라를 헬 조선이라 부르며 '대한민국 학생들은 정말 힘들게 살아가고 있다'고 불평하지만 네팔에 있는 그 아이들에게만큼은 정말 미안한 불평이 아닐까. 우리는 정말 축복받은 환경에 살고 있다. 최고의 인프라가 구축되어 있는 곳에서 공부할 수 있다는 것 자체로도 참 감사한 일이다.

이제 이런저런 불평과 불만은 던져버리자. 어차피 수학은 어려운 것이니 불평하지 말고 부딪쳐보자. 수학 공부를 한다는 건 고통스러운 과정임엔 틀림없지만 그 고통마저도 누릴 수 없는 곳의 학생들을 생각하며 기꺼이 즐겨보자. 지금 당장은 힘들어도 이를 이겨내고 나면 수능 점수라는 달콤한 열매가 기다리고 있고, 나아가서 진정성 있는 삶의 태도를 지닐 수 있다. 여러분의 인생을 스스로의 힘으로 바꿀 수도 있다는 큰 가르침도 얻을 수 있다.

그러니 한 번 제대로 즐길 준비를 하고
이 책에서 설명한 것처럼 하나하나씩 완벽하게 이해하고 알아가는 즐거움을 느껴보길 바란다. 기적은 아무에게나 오지 않는다.

부디, 파이팅!

(정답: ④)

1등급, 수학 공부의 시작

무슨 말이 더 필요해?
정승제 선생님이야!

초판 1쇄 인쇄 2019년 3월 26일
초판 12쇄 발행 2024년 12월 18일

지은이   정승제
편집인   서진
펴낸곳   이지퍼블리싱

책임편집   이현진
편집진행   최민지

마케팅 총괄   김정현
마케팅   이민우
영업   이동진

디자인   강희연

주소   경기도 파주시 회동길 527 스노우폭스북스 빌딩 3F
대표번호   031-946-0423
팩스   070-7589-0721
전자우편   edit@izipub.co.kr
출판신고   2018년 4월 23일 제 2018-000094 호

ISBN 979-11-966335-1-6 43190
값 15,800원